新マンガゼミナール

大学受験らくらくブック 漢文

点につながる！ 流れがわかる！

三羽邦美
（東進ハイスクール）
マンガ◆うおぬまゆう

Gakken

目次

第1章 いざ、中国漢文講座へ！ ～返り点・置き字

都内某予備校
本場中国で学ぶ!!
センター漢文集中
講座参加自由
これは…
よし、思い切って言おう
チャーンス!!
ヒロト
受験とミチカが気になる
ねえ、ミチカ ちょっといいかな
ミチカ
成績優秀
漢文が得意
何？
課題の答えなら教えてあげないわよ
そんなんじゃないよ 俺さ、漢文が苦手だから、例の中国の漢文講座に行こうと思ってるんだ
ミチカは？
う～ん…
えー、私、フツーに漢文得意だし…
ヒロト、漢文全然わかんないでしょ？
ハードル結構高いわよ？
漢文レベル
ググれば いいんじゃない？
コソ コソ

二羽先生
カリスマ
漢文教師
そうだぞ漢文の基本もわからないような者は、中国に連れて行くことはできんな
あっ
少年易《ク》レ老《イ》　学難《シ》レ成《リ》。
突然現れてキツイこというなぁ でもそんなの余裕だね だって先生、見てよ
全部見たことのある漢字で、送り仮名までついているんだ 読めないはずないじゃないか
ふぅん じゃあ読んでみて
おう、いいとも えっと「しょうねん やすくれおい がくむずかしれなり」
今では使われてない言葉があるようだな
レ
やすくれ？ むずかしれ？ もしかして「れ」というのはこれのこと？
そうに決まってるじゃん ミチカ、そんなのもわからないの？
中国じゃなく、中学に戻ったほうがいいんじゃないの？
ガーン
ここまでわかってないとは…
ハァ…
えっ 俺、間違ってんの？

「レ点」「一二点」

カンプンチンプン？
漢文だけに、チンプンカンプンだ！
少年易ク老イ学難シレ成リ。
ぷるっ ぷるっ
ポン ポン
ポン
ヒロト寒すぎるよ
うわっ、何コレ！レがしゃべった！
あまりにも漢文が読めない生徒がいると、漢文の精霊《せいれい》が文字に乗り移り、
直接読み方を教えたという古い伝説を聞いたことがあるが…
漢文
俺は、伝説の生徒ってことかな
ヒロトのダメっぷりが伝説級なのよ
さて、僕のことを教えよう！僕はカタカナのレに似ていることから「レ点」と呼ばれているのさ
漢文を訓読する場合、漢字の左下について下の字から上の一字へ返って読むことを表す記号さ
カタカナじゃなかったのか…
もう、この非現実的現象を受け入れているわ すごすぎる…

僕の上にある漢字をとばして、下の漢字を読んでから上の漢字に返るのがポイントだよ
易ク レ ←後に読む
老イ ←先に読む
じゃあヒロト もう一度さっきの例文を読んでみて
少年易ク レ老イ 学難シ レ成リ。
「少年老《しょうねんお》い易《やす》く学成《がくな》り難《がた》し。」？
ヒロト、読めるじゃないか
もとの漢文を読んだとおりに日本語の文にしたものを「書き下し文」というのよ
「若者もすぐに年老いてしまい、学問を成就《じょうじゅ》させるのは難しい」ということ
よぼよぼ
時間を惜しんで勉強をしろということだ ヒロトにピッタリの言葉だな
ハハハ
俺を年寄りと一緒にするな
ガーンッ
不 レ見 レ山ヲ。
不←③ 見←② 山←①
「山《やま》を見《み》ず」ね
さて、僕が重なっているときも、下から一字ずつ上へ読んでいけば大丈夫
そんなのあたり前だよ 受験生は、山なんか見ねーよ
尽クシテ 二人事ヲ 一待ツ 二天命ヲ 一。
おっ、まだ余裕がありそうだね それじゃあ、これは読めるかな？
うむむ…
あれれれれ？
レ点とちがう印があるぞ

俺たちは一二点《いちにてん》さ！返り点の仲間だぜ
二字以上の字へ返るときに使うんだ!!!
ジャーン
上から読んでいって、俺が左下についている漢字があったら、とりあえずその漢字はとばして読んでくれ
そして左下に一の兄貴がいる漢字を読んでから、俺のところまで返ってくるのさ
尽クシテ二 人事ヲ一 待ツ二 天命ヲ一。
②①④③
「人事《じんじ》を尽《つ》くして天命《てんめい》を待《ま》つ」ね
二からさらに二字以上上へ返る場合は、一→二→三となるよ
人としてできることすべてやってあとは運を天にまかせるっていう意味よ
送ル三 元二ノ 使ヒスルヲ二 安西ニ一。
③②①
(元二…人名 安西…地名)
左下に何もない漢字から読んで、一まで行ったら二→三と返るのね
「元二《げんじ》の安西《あんせい》に使《つか》ひするを送《おく》る」かな？
意味はわからないけど…
わかってきたようだなではこれはどうだ
不《ず》ンバレ 入《い》ラ二 虎穴ニ一、不レ 得《え》二 虎子ヲ一。
最初の「不」の左下にレ点があるから、下の「入」を先に…あれ？でも「入」の左下に二がついているぞ
何だかゴチャゴチャしてきた～
二があるときは、どうすればよかったのかな？
えーと一があるところまで先に読む
そうだね
不《ず》ンバレ 入《い》ラ二 虎穴ニ一
③②①
すると「虎穴」まで読んで、「穴」の左下に一があるから「入」に返る。そしてレ点があるから「不」に返るのね

不レ得ニ虎子一。 ←③ ←② ←①
「虎穴《こけつ》に入らずんば虎子《こじ》を得《え》ず」か！
後半の部分も同じだ
グッ
うむ、それでいいんだ ここまでわかれば、スタートラインはもうすぐだぞ
げっ、ゴールラインじゃないの？
あーあ、一緒に中国行けると思ったのになぁ
さぁ先生、次の問題いきましょうか！
やる気マンマン
グッ
え!?
ミチカさんナイスアシスト！これは約束の…
ヒソヒソ
ヒソヒソ
ありがとうございますフフフッ
ワーイ♡
君子ハ不ニ以レ言ヲ挙ゲレ人ヲ。
さぁヒロト これが読めるかな？
レ？ 変な返り点だなぁ
これは僕と一さんが合体してできた返り点だよ
この場合、僕から先に片づけて、その後一→二と読む
合体
不ニ以レ言挙レ人。 ←⑤ ←② ←① ←④ ←③
「君子《くんし》は言《げん》を以《もっ》て人《ひと》を挙《あ》げず」ね

二レとか三レとかもあるのかな？
いや、レ点と一二点の合体は一レだけだよ
うむむっ
もう一つ覚えておいてほしいのが、これだ
吾日ニ 三二‐省ス 吾ガ 身ヲ一。
「吾日に省す吾が身を三」あれ？「三」と「省」の間に棒線があるぞ
？
「三省」とは、「何度も反省する」という意味の熟語。熟語に返るときは、
「三‐省」のように二字の間に‐をつけて、熟語の一文字目の左下に二や三をつけるんだ
先生、「少年」とか「人事」とかも熟語だけど、‐は使わないんですか？
そうなんだ。‐は熟語に返るときのみに用いられるわけだ。ただし、絶対つけるという決まりではないぞ
「吾日に省す吾が身を三」ほんとだ。‐がないと、「省す吾《わ》が身《み》を三《さん》」のように読んじゃいそうだわ
吾日ニ 三二省ス 吾ガ 身ヲ一。
こうなってても、考えて「吾《われ》日《ひ》に吾《わ》が身《み》を三省《さんせい》す」と読むんだな
そう、その調子その調子
うんうん
上から読んでいって、返り点があったら、必ず返って片づけながら下へ読んでいくこの基本を知っていれば、難しくないわね
よし、これで返り点は完璧！
というか漢文は完璧！楽しい中国旅行確定だ！
おいおいまだ今日の分が終わっただけだぞ明日も返り点を学ぶよ
えっ？まだあるのか…
ガックリ…
「学成《がくな》り難《がた》し」よ
フフフッ

「上中下点」「甲乙丙《こうおつへい》点」

レ点と一二点はわかったかな？
イエイ!!
あれ？昨日の精霊は？
それはもうバッチリ！
返り点を片づけながら下に読み進むのがポイントですね
それがわかっていれば、これから覚える返り点も問題ないだろう
楽勝！楽勝！中国！中国！
イエイイエイ!!
GO!! GO!!
ホントかしら…
じーっ
それではこれを読んでみよう
有《リ》下献《ズル》二梅樹《ヲ》一者上。
む、一つ目の漢字の左下に下という返り点があるな
上・下とあるから上がついている「者」から先に読めばいいのかな
ムムッ
あら、それじゃあ一二点はどうするのよ
あっそうか、どうしよう
いやいや、これは「梅樹《ばいじゅ》を献《けん》ずる者《もの》有《あ》り」と読むんだ
しかしだ…

上下点は、返り方そのものは一二点と同じなんだ。でも、これだとどうかな？
有リ二献ズル二梅樹ヲ一者一。
どう返っていいのかわからないわ
そうだね。だから一二点をはさんでもっと上に返るときは一二点と混乱しないように上下点を用いるんだよ
有リ下献ズル二梅樹ヲ一者上。
④
②
①
③
ふむふむ
不下為ニ二児孫ノ一買ハ中美田ヲ上。
こんな文の場合はどうなるのですか？
今度は上中下点だね
不ず下為ニ二児孫ノ一買ハ中美田ヲ上。
⑤
②
①
④
③
これも、一二点をはさんで、さらに一二三のように返るということだ。
だから、上→中→下と読めばOKだ
一二点の部分を先に
児孫《じそん》の為《ため》に…と読んだなら
そのあとに上中下点の部分
美田《びでん》を買《か》はず。…といく
「子孫の為に大きな財産を遺《のこ》さない」という意味ですね

勿《なカレ》下以《テ》二悪《ノナルヲ》小一為《スコト》上之《ヲ》。
よし、ギリギリのヒロト君にもう一つ問題だ
？
上…これは下と同じかな？
そうだね理屈は下と同じレ点を先に片づけて上→下と返る
勿《なカレ》下←⑤
以《テ》二←②
悪《ノ》小《ナルヲ》一①
為《なスコト》上←④
之《ヲ》。←③
（悪の小《しょう》なるを以《もっ》て之《これ》を為《な》すこと勿《な》かれ）
さあ、これくらい読めるようになれば、バッチリだ
先生、漢文を読めるようになると、楽しくなってきますね
そうだね返り点が返れるようになったら、句法の勉強だ中国行きがかかってるんだ。頑張れよ
ら、楽勝だね…
プスーッ
ヒロト君、見るからにギリギリだな
ヒロトと一緒に食べる北京《ペキン》ダック、上海《シャンハイ》ガニ、フカヒレのスープ
あ～たのしみ～♡
じゅるるんっ
♪
よっしゃ！やったるぞ！

その時は甲乙丙点《こうおっぺい》を使う
ところで先生 さらに上中下点を間にはさんで返る場合は？
うわ、ややこしいな
欲ス乙得テ下有ル二才知一者ヲ上用ヒント甲
⑥ ④ ② ① ③ ⑤
（才知《さいち》有《あ》る者《もの》を得《え》て用《もち》ひんと欲《ほっ》す）
そんなことはない ルールは同じだから、一二点→上下点→甲乙点と、どんどん外側に読んでいけばいいのだよ
「乙」を見つけたら、上下点と一二点があとから必ず出てくることを頭に入れておいて、読み進めればいいんですね
ごちゃごちゃしていても、ルールにしたがって下へ読んでいくという基本は変わらないのか
それじゃあ、甲乙点もはさむ場合は？
だ、だいじょうぶ
ハハ…
グッ
おっ、貪欲《どんよく》だねぇヒロト君 そのときは天地人点《てんちじん》を使うのだよ ただ、ほとんどそんなものにお目にかかることはないがね
そんなに聞いて覚えられる？

「而」「於」「于」「乎」「矣」「焉」「也」「兮」

オーッ
ここすげーっ
ワイワイ
みんな、まだ頑張っている友だちがいるんだから、はしゃぎすぎだぞ！
はぁ
それって、自分のことじゃない
ははー、さながら「置き字」の気分だなヒロト君
クル
ん？ 先生、「置き字」ってなんですか？
そうだな…ではこの文章を読んでみなさい
良薬ハ苦ケレドモ二於口ニ一而利アリ二於病ヒニ一。
えーと、返り点は一二点があるだけだな 上から読み進めると「良薬《りょうやく》は於口《くち》に苦《にが》けれども而於病《やま》ひに利《り》あり」？
うーん。よくわからないな
うーん
文中にある漢字のうち「於」と「而」を読まないとどうだろう
「良薬《りょうやく》は口《くち》に苦《にが》けれども病《やま》ひに利《り》あり」 あ、これなら知ってるよ
ポンッ
人の忠告は耳に痛いけれど有益だってことね

このように、文中にはあるけど読まない、書き下し文に書かない漢字を「置き字」というんだ
なんだか、疎外感《そがいかん》を味わっている今の僕と似ているなぁ…
しょぼん
そんなことはないぞヒロト殿！
キョロキョロ
ん、誰だ？
ドドーン
ハッハッハ ここでござるよ
也 矣 乎 焉 兮 於 而 于
いつの間に…
書き下し文に書かれない、読まれない、という目立たない拙者たちでござるが…
意味なくあるわけじゃないのでござる
而
下を見たまえ！
隠密《おんみつ》行動っていう感じ？
「而」
文中にあって、接続助詞（「テ」「デ」「シテ」「ドモ」）の働きをする。
「於」「于」「乎」
文中の補語の上にあって、英語の前置詞のような働きをする。送りがなの「ニ」「ト」「ヨリ」「ヨリモ」などにあたる。
「矣」「焉」「也」
文末（句末）にあって、断定・強調の意を添える。
「兮」
詩の中で、調子を整える働きをする。
「調子を整える」って胃腸薬かよ！
ぎゃ〜
ピューン
パシ
ツッコミ
無口《むくち》で役に立つ男性って素敵ね
ガーン

良薬苦於口而利於病。
口に
ども
病に
この例文の場合、四文字目の「於」は「口に」の「に」に、「而」は「苦《にが》けれども」の「ども」に、下の「於」は「病《やま》ひに」の「に」にあたるぞ
2
つまり送り仮名として書かれているから、あえて読んだり書いたりする必要がないんですね!!
ズーン
ガーンッ
でもさ、「読まない」「書かない」だと覚えるのも大変じゃない？
送り仮名で意味もわかるしね
今の段階で大切なのは、置き字の機能を理解するということ
でも、勉強するにつれ、「而《しか》るに」「於《お》いて」「焉《いずく》んぞ」など、置き字としてではない用法も出てくるんだ
いずれはちゃんと覚えないとダメってことか

送りがながない傍線部の読み方の問題なんかに出てくるから、置き字だってバカにはできないぞ
試験前にもう一回チェックしなくちゃ
グッ
ふうん
意味がないようで、置き字も密《ひそ》かに活躍してるんだな
俺も頑張ろうっと
やるぞ〜!!
ぬおおおお〜
おおお〜って
あれ?
ガン
ほら、ここ楽しそうですよ
その店の料理もおいしそうだな
おー
ワイワイ
また置き字扱いかよ…
ポン
お前たち、試験本番のときに出てきて、助けてくれよ?

さて、ヒロト君
返り点と置き字を勉強してきたけど、ここまでは理解できたかな？
最初はよくわからなかったけど、ルールをしっかりと覚えれば簡単だな
ヒロトが忘れないように、確認しておきましょう
▼返り点＝しっかりと返り、片づけながら、下へ読んでいく。
▼置き字＝文中にあっても読まない。書き下し文には書かない。
この二点を忘れないように
バッチリ覚えたよ
うーん 私も漢文講座に行こっかな？
えっ？、マジ？！
マジで？
イエーイ！
クル クル
えっ、先生も喜んでくれる？
うん、
当たり前だよ ヒロト君は特別に、朝から晩までずーーっと漢文の勉強をしてもらおう
ほう、ヒロト君もやっぱり来るのか こりゃ楽しみだ
よかったわね、ヒロト 私とは別行動みたいだけど
かんべんしてくれよ…
ポン
ガクリ

第2章 中国上陸！ 先生を探せ ～再読文字

やってきました中国！
オーーッ
ニイハオ！
ニイハオ！
やめてよヒロト恥ずかしいでしょ
アホ
だって楽しくない？観光にグルメだろ？
あ、あと土産《みやげ》も頼まれてるし
あれにこれに…
…何をしに中国に来たのかわかってる？
うむ、何と言っても集中講座だからな
一日に18時間は講座を受けてもらうぞ
にっこり
長っ！
そんなにホテルに缶詰《かんづめ》じゃ、中国に来た意味がないような…

ハハハ
冗談だよ
今日はみんなで名所を巡《めぐ》ろう。中国の文化を知ることも大切だからな
ボソボソ
先生も来るのか…ミチカと二人きりになりたかったのに
ん、何か言った?
い、いや、何でもないよ さぁ行こう
キャー、スゴイ!
ファー、スゴイ!スゴイ腹減った!
ロマンとか微塵《みじん》も感じないの?! ヒロトは
ははは では食事にするか オススメのお店があるんだ
あわわぁ…

先生、ここ本当においしいんですか？古ぼけた感じですけど
こういう店が、本当はおいしい店なんだよ
えー
何でもいいから早く食べよう
ニイハオ！
ギィ～
な
ピカ
なんだ？
ワシの修行の館に来たからには、みっちり鍛《きた》えてやるぞ
食事じゃないじゃん！
先生、どういうことですか？
先生、どこ？
フォフォフォ
あの者は遠く離れた場所に飛んでもらった

このじいさん、ボケちゃってんのかな
ヒソヒソ
うーん ちょっとそんな気もするわね
ヒソヒソ
ビリ
ビリ
イテテテ
ピカ
聞こえておるぞ このバカモンが！
本物の仙人さまですよね 私にはわかっておりました
プス
プス
うむ、よろしい
さて、おぬしらが先生に再び会うためには、ワシの修行に耐えなければならん
その修行ってのは何なんですか？
なに、漢文を理解すること、それだけじゃ
先生がいなくなって、漢文は勉強しなくていいと思ったのに
何か不自然なほど強引な気もするけどやるしかないわね
うっしっし

再読文字①

未・・・

読み

いまだ…（せ）ず

意味

まだ…しない

昔、伯兪《はくゆ》という少年がいた。
悪いことをしたので
母が鞭《むち》でおしおきをすると、
伯兪は泣きだしてしまった。
母は、今まで何回も叩いたのに、
一度も泣くのを見たことがない。
「それなのに、どうして泣いたの？」
とたずねると
「今までは叩かれると痛かったのに、
今は痛くないのです。
それで泣いたのです」
と伯兪は答えたという
何だ？
急にしんみりする
話がはじまったぞ。
こんな暗い話
つまんねぇよ
お母さんの力の
衰えに寂しさを感じて
しまったのね
泣ける話だわ
だ、だよね
俺も今から泣こうと
思ってたとこ
いい話じゃろ
例文はこれじゃ
ヒロト、読んでみたまえ
未ダ二嘗カツテ見レ泣クヲ。
ビシィ
「嘗《かつ》て泣《な》くを見未《みいま》だ」
だな
意味はわからない
けど間違いない！
ガックリ

まーったく なってないわね
ん？ 誰か来たわ
どうもー 私は漢文界のキャリアウーマン
再読文字の未、ミーって呼んでね
未
ス、ステキなお姉サマ！
キャ～♡
ミチカはキャリア志向なんっすよ
そこ、おしゃべりしない！
す、すまんですじゃ
私は忙しい身なのヒロト、早くルールを覚えるのよ！
が、がんばります。
こういう人苦手なんだよなぁ…
私「未」が再読文字なの。だから二回読むのよ「いま（未）だ」と「ず」ね
最初は、左下に返り点があるのを、無視して「未だ」と読むのよ
一文字で二回も読ませるなんて、さすがキャリアウーマンだわ
ハァ～
⑤→未←①
ダ 二
嘗←②
テ←④
見 レ
泣←③
クヲ 。
フフフッ
そして後は返り点どおりに「嘗《かつ》て泣《な》くを見《み》ず」と返るのよ

二度目の読み、打消の助動詞「ず」は活用語の未然形につくのじゃ ヒロト「見」の活用は何じゃった？
必殺ねたふり!!
Zzz
「見」は上一段活用で「み・み・みる・みる・みれ・みよ」ですね
見事じゃ、ミチカ 例文の「見」は、未然形じゃな
未だ嘗て泣くを見ず。
あと、私を二回読む場合、書き下し文では一度目は漢字、二度目はひらがなにするのよ
ではもう一問じゃ
見《テ》レ牛《ヲ》 未レ見レ羊《ヲ》也《なり》。
「牛《うし》を見《み》て未《いま》だ羊《ひつじ》を見《み》ずなり。」か、うーん、ちょっとおかしいかな？
うーん
もう少しじゃ「ず」の後に断定の助動詞「なり（也）」があるから、「ず」は連体形の「ざる」になるのじゃよ
④→未←①
レ見←③
レ羊←②
也。←⑤
未さんが文中に出てきたときは、必ず再読文字なのかな
？
うーん、必ずしもそうとは限らないのよね…

「まだである」という意味の形容詞「いまだし」というのもあるわ
寒梅着《つ》ケシヤレ花ヲ未ダシヤ。
はぁ~
zzz
「寒梅は花を着けただろうか、まだだろうか?」という王維《おうい》の詩じゃな
トコトコトコ
まぁ、でも試験で設問として出てくる場合は、ほぼ、再読文字で決まりね じゃあ私は忙しいから、これで行くわね
はーい ありがとう!
zzz
言い忘れたわ! 試験頑張って
ハイッ♡
ピョン
さすが再読文字、戻ってきたよ…
では、ポイントをまとめてみよう
▼再読文字は、最初は返り点を無視して読み、二度目は返り点どおりに返ってきて読む。
▼書き下し文では一回目は漢字、二回目はひらがなで書く。
ステキな人だったわぁ。バリバリ働く女性って憧《あこが》れるわ それに比べて…
グー グー
ぬ、けしからんやつじゃ これでもくらえぃ!
えいっ
カーッ
イテテテッ
ギュ~
年寄りだけど、力は「未だ衰えず」だね
プクク~
年寄りとは何じゃ! ワシャまだまだ現役じゃ!
ギュ~~~ッ
カッ
イテテテテテ
すみません ごめんなさい
余計なことを言わなきゃいいのに…

再読文字②

将…

読み

まさに…(せ)んとす

意味

いまにも…しようとする・しそうだ

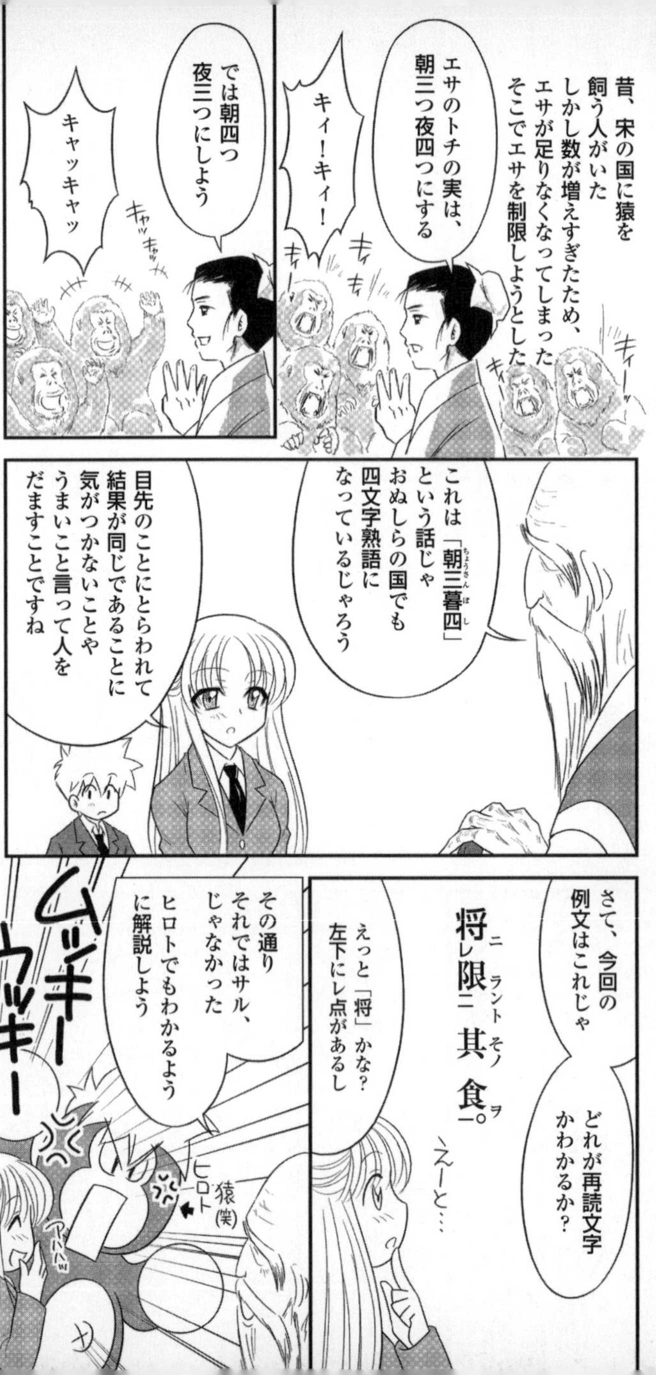

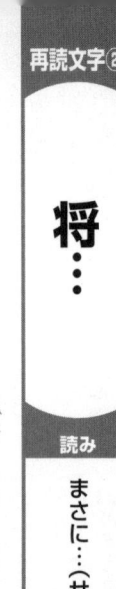

「将」の部分は、最初はレ点を無視して「将《まさ》に」と読み、後は返り点どおりに返ってきて「す」と読めばよいのじゃ
うまく書き下し文にできるか？
えっとー、「将《まさ》に其《そ》の食《しょく》を限《かぎ》らんとす」？
将←①
限←④
其←②
食。←③
⑤→
よし、正解じゃ。この再読文字のポイントは二度目の読みへ返るところを「～ントす」と読むことじゃ
「ん」は古文の推量の助動詞「む」じゃから、活用語の未然形につくのじゃ「限」は四段活用だから「限らんとす」となるわけじゃ
「未然形＋ントす」と読むことがポイントですね
また、二度目の読みの「す」はサ変動詞（終止形）じゃから「限らんとし」（連用形）や「限らんとする」（連体形）のように、活用した形で読むこともあるのぅ
「さ・し・す・せ・そ」ってやつか
えっへん
それは調味料の入れ方の順番よ！「せ・し・す・する・すれ・せよ」よ！
「将」は、旧字体の「將」で書かれることもあるのじゃ また「且」も次の例文のように、同じ意味の再読文字として使われることもあるのじゃぞ
趙《てう》且ニレ伐うタントレ燕ヲ。
「趙《てう》且《まさ》に燕《えん》を伐《う》たんとす。」
ふんふん
よし、よくできたね サルだなんて言って悪かったな
俺はサルじゃない！バカにしやがって！
ムキー！！
えさ
フォッフォッフォッ
あっ、スマンスマン こっちだ、こっち
キャッキャッ
サッ
フォッ
これも「朝三暮四」ね

陶淵明《とうえんめい》（陶潜《とうせん》）は、六朝時代の東晋末から南朝宋にかけて活躍した詩人
彼は「雑詩十」の中で、このような言葉を残している
及ンデレ時当ニシ二勉励ス一。歳月ハ不レ待タレ人ヲ。
むふふ むふふふふ
フォフォ
ヒロト、このまま先生に会えなくなってもいいの？ しっかり勉強しなきゃ！
マンガ
先生か… いなくてもいいかな いや、むしろ、いないでほしい
ミチカと二人きりになれるし…
マンガ
先生に会えないということは、食事のスポンサーがいなくなるのじゃぞ
うわぁ やります、やります
フォフォ
アセアセ
ポイ
キャッチ
痛っ
誰だ！ こんなことをするのは！
例文にもある通り、歳月《さいげつ》は人《ひと》を待《ま》たず、時を逃さず、当然勉め励むべきだぞ
マンガ
はいっ！ そういうわけで再読文字の「当」です
まず「まさに」と一度読み、もう一度返り点どおり活用語の終止形から返ってきて「べし」と読むんだ。理解すべシ！
マンガ
当
③→当ニシ←①
勉励ス ②

再読文字③

当…
応…

読み

まさに…（す）べし
まさに…（す）べし

意味

当然…すべきだ
きっと…だろう

「当《まさ》に勉励《べんれい》すべし」ね
ベシっと叩いたのもダジャレだったのね
「べし」は活用語の終止形（ラ変動詞は連体形）につく助動詞
いろいろな意味を持つ仲間がいるが、僕は当然の「べし」さ
当然しっかり覚えるベシ
ベシ!!
じゃあ僕の親友を紹介するよ
ちょっとはっきりしないヤツだけどよろしくな
ペコリ
ど、どうも「応」です
僕も「当」と同じく「まさに…べし」と読みます。
でも僕は推量の「べし」なんだ
応ニシレ知ル二故郷ノ事ヲ一。
（応《まさ》に故郷《こきょう》の事《こと》を知《し》るべし。）
「きっと故郷の事を知っているだろう」と訳すのね
原則的に「当」は当然、「応」は推量だが、混同して使われることもあるぞ
これなんぞは「当」のイミじゃな
応ニシレ憐レム半死ノ白頭翁。
「応《まさ》に憐《あわ》れむべし半死《はんし》の白頭翁《はくとうおう》」か。
白髪の仙人も当然憐れんでやらなきゃな
ムム
「このままじゃ入試失敗確実のヒロト」に、憐れまれるとは…
メラメラ
ギャー
ポカッ
ポカ
ガッ
ギャー
キー
二人とも「歳月は人を待たず」。子どもみたいなケンカをしてないで、ちゃっちゃと勉強しましょう
ゴゴゴゴゴ
はい…
シュン…

『菜根譚《さいこんたん》』は、明代に洪自誠《こうじせい》という人が書いた、日本でもよく読まれた処世訓《しょせいくん》である。
人之過誤ハ　宜シクシレ恕《ゆる》ス。
マンガ
今、勉強しておかないとひどいことになるのじゃぞ！
ポコッ
ポコッ
いてっ いたいっ!!
そんなに言わなくても
はいはい ヒロトはちゃんと勉強して。仙人！あなたも例文を見て反省しなさい
もーっ
「人の過誤《かご》は宜《よろ》しく恕《ゆる》すべし」じゃな
あっ さては今回も再読文字だな。しかも「べし」だ
あら、また向こうから誰か来るわ。ヒロト、またベシッと叩かれるかも
トコトコ
トコ
ずんっ!?
再読文字「宜」っス。ヒロトのやる気をアゲに来たっス。よろしくっス！
へへっ
うわぁ。メチャクチャ適当そう…
自分も助動詞「べし」のグループで、活用語から返るっス。終止形の適当っス！
にいっ
ひとつ、いいあんばいによろしくっス！

再読文字④

宜・・・

読み

よろしく…（す）べし

意味

…するのがよろしい

え、適当なの？
気合が入っている
わりに適当なの？
そうじゃないっス！
「〜するのがよい」という
意味の適当っス！
そこんとこ
よろしくっス！
はい、はい
イエァー!!
いいあんばい〜い♪
何コイツ(笑)
だからこの例文は
「人のあやまちは大目に
見るのがよろしい」
と訳すっス
仙人もミチカさんも
人のあやまちは厳しく
叱るだけではダメっス。
適当がいいっス
はい。
気をつけます
ふ〜〜
怒られてやんの
イヒヒッ
それだけじゃないっス。
この言葉はこう続くっス。
「しかれども己に在りては
則ち怒すべからず」
自分のあやまちには、
大目に見てはいけない
ということじゃよ、ヒロト
はっ、はい。
すんません…
ジロリッ
チクチク
シュン…
また「宜」には「むべなり」
と読んで「当然だ」「もっともだ」
という意味を持つ言葉が
あるから注意っス
宜《むべナル》乎《かな》…也《や》。
これは
「もっともだなぁ…
なのは」と訳す詠嘆形っス
人に優しく自分に厳しく。
私もみんなもこうあり
たいものじゃな
仙人、それならまず、
俺に優しくすることから
はじめましょうよ
厳しさも優しさ
のうちじゃよ
どうしてヒロトは
いつもいつも…
うへぇ
結局こうなるのか
ヒ〜〜ッ
もー

再読文字⑤

須…

読み

すべからく…(す)べし

意味

…する必要がある　…すべきである

唐代《とうだい》を代表する詩人の一人、李白《りはく》。これは「月下独酌《げっかどくしゃく》」という五言《ごごん》古詩一句である。
花間《かかん》一壺の酒　独酌相親しむ無し
杯を挙げて明月を邀《むか》へ　影に対して三人と成す
月既に飲を解せず　影徒《いたず》らに我が身に随《したが》ふ
暫《しばら》く月と影とを伴って　行楽須《すべか》らく春に及ぶべし

花の下で、月と自分の影とを友に、春の季節を楽しみながら一人酒を飲んでいる、という詩じゃな
風流ねぇ
はぁ
花見団子に月見団子か
ダラ〜ッ

さて、無粋《ぶすい》なヒロト君 風流《ふうりゅう》がわからないぶん、文法をしっかりと理解しようか
なんかひっかかる言い方だな
ムッ

さて、今回の例文はこれじゃ
行楽《ラク》須《シ》レ及《ブ》レ春《ニ》。
フォフォフォ
「須」は「すべからく…べし」と読む再読文字だ
「べし」は活用語の終止形（ラ変動詞は連体形）につく助動詞「べし」の仲間でしたね
さすがミチカ、きちんと覚えているのぉ この再読文字の意味は「必須」「必要」じゃ
「須」と「必須」をからめると覚えやすいな
ちなみに「すべからく」というのは、もともとサ変動詞「す」に「べし」の未然形「べから」がつき
さらにそれを体言化する接尾語「く」がついたものなのじゃ
「曰《いわ》く」の「く」と同じね
またここでいう「及ぶ」というのは「とらえる」の意なので、口語訳は「楽しみはぜひとも春の去らぬうちにすべきである」となるのじゃ
前に出た「時《とき》に及《およ》んで当《まさ》に勉励《べんれい》すべし」の「及」と同じ？
そう 文章の流れを見てうまく訳せると いいわね

しかし、油断してはならんぞ。あとで勉強する否定形の「不」がついた場合は「不須」になるのじゃが、その時は「すべからく…べからず」とは読まず「もちひず」と読むのじゃ
不レ須《もちヒ》二多言ヲ一。
「多言《たげん》を須《もち》ひず。」となるのか
そうじゃ「多くを語る必要はない」という意味じゃな
フォフォ
もっと勉強しなくっちゃ
よーし!!
そうっすねモグモグ
モグモグ
花より月より漢詩より団子かね
もーっ
本当ですよここにこんな美しい花があるというのに
モグモグ
ん、美しい花？どこどこ？
キョロ キョロ
モグ
一生食べてなさい！
ガーーッ
漢文の勉強も大切だけど、ヒロトは女心も勉強しないとダメじゃな
ハァ〜

孔子《こうし》の弟子の一人である子貢《しこう》が、孔子に意見を求めた。
若い学生に子張《しちょう》と子夏《しか》がいますが、どちらが優れているでしょうか。
子貢
孔子
子張は才にまかせて行き過ぎることがある。子夏は引っ込み思案で足りないところがある。
それは子張のほうが優れているということですか？
そこで、孔子はこう言いました
いいや。行き過ぎるのは足りないのと同じ。どちらもよくないのだよ。
孔子は、儒教《じゅきょう》の創始者ですよね
そう。中国春秋《しゅんじゅう》時代の大思想家じゃ。これは『論語』のなかにある話じゃな
ハイッ
仙人、質問です！率直に言って、私とミチカではどちらが漢文の勉強で見込みがありますか？
うーん、そうじゃのう ミチカはよくできるけど、少し行き過ぎるところがある。ヒロトは…、圧倒的に頑張りがないのぅ
な〜んだ、子張と子夏の話と同じだよ 行き過ぎのミチカは足りない僕と同じだよ
ハハハッ
「足りない」っていうのは、「少ない」って言うことで、ちょっとはあるんじゃ！
ヒロトは「足りない」じゃなくって、「ない」んじゃ！ゼロじゃ！

再読文字⑥

猶・・・

読み

なお…（の・が）ごとし

意味

あたかも…のようだ　ちょうど…と同じだ

さて、今回の例文はこれじゃ
過《ギタルハ》猶《ホ》《シ》レ不《ルガ》レ及《バ》。
フォフォッ
再読文字は「猶」で「なほ…（の・が）ごとし」と読む。さぁヒロト、書き下し文にすると
「過《す》ぎたるは猶《な》ほ及《およ》ばざるがごとし」
「行き過ぎるのは足りないのと同じだ」と訳すのね
そうじゃ。ポイントは「ごとし」これは比況の助動詞で、体言か活用語の連体形につく
そのどちらにつくかで、返るときの送り仮名が違ってくるのじゃ
どう違ってくるの？
体言のときは「の＋ごとし」、連体形のときは「が＋ごとし」となるのじゃ
フォフォ
「及ばざるがごとし」の場合は「ざる」が「ず」の連体形だから、送り仮名が「が」なんだね

また「由」という漢字も「猶」と同じように使われることがあるのじゃ
今之楽ハ 由ホシ二古《いにしへ》之楽ノ一。
「今《いま》の楽《がく》は由《な》ほ古《いにしへ》の楽《がく》のごとし。」か
楽は音楽のこと。体言だから送り仮名が「の」なのね
あと「猶」は再読文字ではなく、ただの「なほ」（「そのうえ」「やはり」の意味）としても使われるから、気をつけるのじゃぞ
でもヒロトに同じレベルと思われてしまったのはショックです…
まぁ、犬にかまれたと思って、これからは謙虚に頑張ることじゃ
フォ
フォ
フォ

孔子《こうし》が愛弟子《まなでし》の顔淵《がんえん》と子路《しろ》に言った。
おまえたち、それぞれの志《こころざし》を言ってみないかね
孔子
二人がそれぞれの志を述べたあと、弟子から「先生のお志もぜひお聞かせください」と言われて、孔子はこう語ったという
老人からは安心され、友人からは信頼され、若い人からは親しまれたい
これも『論語』にある話じゃな
さすが孔子。「仁《じん》」の人ね
そうかなぁ
ボソ
男だったらもっと大きな志を持つべきだと俺は思うな。孔子って、けっこう小さい男ですね
にやりっ
では、孔子より偉大なヒロト様の志を聞く前に、例文のチェックじゃ

再読文字⑦

盍…

読み

なんぞ…(せ)ざる

意味

どうして…しないのか

…したらどうか

盍《ゾ》ル各々《おのおの》言二爾《なんぢ》ノ志《ヲ》一。
今回の再読文字は「盍」ね
「盍」は「なんぞ…ざる」と読む。「ざる」は打消の助動詞「ず」の連体形じゃ
ギュ～ッ
また、サルですか。口語訳は「どうして…しないのか（ウッキー）」って、相手を問い詰める感じになるのか
でもちょっと待ってよ。さっき仙人は「お前たちそれぞれの志を言ってみないかね」と言っていたわ
そうじゃ。この句法は相手を問い詰めるというより「…したらどうか」と勧誘する表現であることが多いのじゃ
文脈から表現を考えるのね
あっ！「ざる」は連体形って言っていたけど、なんで終止形じゃないの？
!!
ほう、なかなかするどいのう、ヒロト。「ざる」を用いる秘密は「なんぞ」があるからで、係り結びの連体形なのじゃよ
あー、なるほど例の係り結びね
ほんとはわかってない
ポン
「ざる」へは活用語の未然形から返るのね

また、後で勉強する疑問形の「何」と否定形の「不」がからんだ形でも、まったく同じ意味になるのじゃ
何《ゾ》不《ル》二速《すみやカニ》殺《サ》レ我《ヲ》。
フォフォフォ
「何《なん》ぞ速《すみや》かに我《われ》を殺《ころ》さざる」つまり、「速やかに私を殺したらどうだ」ってことね
あと、まぎらわしいものに「蓋」という漢字がある
「蓋」
ん？同じ漢字じゃん
よく見て。くさかんむり（艹）がついているわよ
これは「けだし」と読む推量の副詞で「思うに」「たぶん」の意味だ。読み問題によく出るぞ
さて、お二人さん。盍各言爾志
私は世界を相手に活躍できるスーパーキャリアウーマンになりたいわ
オーッ
俺は世の中の人全員から尊敬されるような、偉大な人になるんだ
それで、仙人の志は？
まずは仙術をマスターすること
ポッ
えっ！仙術をマスターしていないの？仙人じゃないじゃん!!
そして、北京《ペキン》ダックや上海《シャンハイ》ガニを術で生み出して、食べ放題をすることじゃ
フォフォフォ
それはすばらしい！師匠と呼ばせてください！
ほんっとバカばっかり

二人とも、再読文字は理解できたかな？
一度返り点を無視して読んで、後は返り点通りに読んでいけばいいんだね
そして、意味が重要よ！それぞれの漢字が違う意味を持っているから、それも覚えなくっちゃ
数は限られているから、しっかり復習して覚えてしまうのじゃ
でも、似たようなのが多いから、気をつけなくちゃな
そっくりさんコンテスト
読み方が同じ「当」と「応」や「～べし」など、句法を混同しないように注意ね
よしよし、合格じゃ。さて、おぬしらの先生の居場所じゃが…
あっ
あっ。先生のことすっかり忘れてた
ほんと。すっかり忘れてたわ
コラッ
先生
ここから西へ進んだところに、桃《もも》の園《その》がある。そこにいる男たちに話を聞いてみたまえ
はぁ、先は長そうだな
すぐに居場所がわかるわけじゃないのね…
ハァ～

第3章 三国志《さんごくし》メンバーとの出会い ～否定形

あの人たちか…何だかおっかなそうだ
かんかん
がくがく
すいませーん
私は漢王朝復興《かんおうちょうふっこう》の大義に生きる、劉備玄徳《りゅうびげんとく》と申すもの
こちらは同じ志を持つ、関羽《かんう》と張飛《ちょうひ》です
関羽でござる
張飛じゃ～い
うぉぉ、三国志の人たちだ 俺大ファンなんだ!
何浮かれちゃってるのよ。先生のこと聞かなくちゃ
おぉ～
実は…
かくかくしかじか…
うむ
ふむ
なるほど。確かに私はその先生について知っているよ。でも、今はそれどころじゃないんだ
そういえばケンカしてましたよね
いったいどうしたんですか?

我ら三人力を合わせ、漢王朝を復興させようと、義兄弟《ぎきょうだい》の契《ちぎ》りを結ぼうと思うのだ
ううう、カッコイイ名場面だなぁ
ところが、誰を長兄《ちょうけい》にしようかでもめておるのじゃ腕っぷしで決めたいんじゃがのぅ
ワ゛ッ
長兄ってのはリーダーですよねやっぱり指導力が大切なんじゃないかしら
そうだ！指導力を確かめるため、誰が漢文を教えるのがうまいかで競うのはどうだろう
なるほど。ならば、テーマは否定形だ
この二人が、どれだけ理解できるか、それなら問題なかろう
俺ぁ、腕っぷしがいいと思うぜ
俺もそう思いますっ
漢文の勉強、面倒臭いからなぁ
ハーイ!!
ハイ!!
いえ、漢文にします。それが終わったら、先生のこと教えてもらえます？
ああ、もちろんだともそれではさっそくはじめるとするか
はーい
ハッハッハッ
望むところだ
はぁ…
ハーッ

釣り好きの代名詞
としても知られる
太公望《たいこうぼう》は、中国古代の
王朝・周《しゅう》の重臣である
太公望
太公望は、周に仕官
する前、仕事もせずに
本ばかり読んでいた。
そのため、彼の奥さんは
我慢できずに出て
行ってしまった
実家に帰らせ
てもらいます！
しかし、太公望が
出世をすると奥さんは
戻ってきて、ヨリを戻し
たいと哀願した。
すると太公望は盆《ぼん》の水
を床にこぼして言った。
「この水を盆の
上に戻してみなさい」
できるわけ
ないわよ！
それに対し、
太公望はこう答えた。
こぼれた水はもとの
器《うつわ》には戻らない。
それと同じように、私と
お前との関係ももとに
戻ることはないのだ
それでは、まずは
私が教えるとしよう。
例文はこれだ
覆水不レ返ラレ盆ニ。
う〜〜ん
「覆水盆に返ら不《ぶ》。」
かな？
ら不《ぶ》ぅ？
LOVEとでも
読めってのか？
ヒィ、
知らなかったんで
す、すみません
む、いかん
火消し部隊出動だ！
オー!!
ゴゴゴゴ

否定形の基本①

不…

読み

…(せ)ず

意味

…しない

俺たちゃ文章の内容を否定してしまう否定打ち消しでぇ
びちょ～
なんか江戸の火消しみたいで粋《いき》ねぇ
グッ
おう。俺たちは返読文字で俺たちの下にある言葉の意味を打ち消したりするからよ
「消す」つながりでこの格好をしているんでぇ
さぁ、キミもコレを着て
…これ、なんか意味あるの？
ふふ、カッコイイわよヒロト
それでは、私に代わって、句法の説明をしてあげてくだされ
ここで活躍しているのは俺たち不組だぜ
覆水不レ返ラレ盆ニ。
にあう～
デレデレ
覆水はこぼれた水、盆は器の意味だけどよもし、俺たちの活躍がなかったらどうなるか
覆水返ルレ盆ニ。
「こぼれた水がもとの器に戻る」というのは無理な話ねぇ
さぁ、そこで俺たちの出番だ
返 盆
バシャッ
返《かえ》ル
↓
不《ず》レ返《かえ》ラ
否定の働きをする「不（ず）」が入ることで「もとの器には戻らない」という意味にするのだよ
あれ？「返」の送り仮名がルからラに変わっているよ？
劉備のやつ間違えてやんの
ガツ
いてっ

よく気がついたね。「不」は古文でいうと、打消の助動詞「ず」。活用語の未然形につきこのように活用するのだ
漢文では、この活用表のうち（ ）の読み方は使わない。また二音めは送り仮名にする
「不（ず）」もその後にどんな語が続くかで形が変わるのね
たとえば、
不《ざ》ルレ知ラ二其ノ旨《うま》キヲ一也。
「その旨《うま》きを知《し》らざるなり」断定の助動詞「なり」に続くから「ず」は連体形の「ざる」ですね
書き下し文では「不」は助動詞だから、必ずひらがなにするぞ
「不」のままだと、ラブって読んじゃう奴がいるからな
ハハハ
あと「弗」も「不」とまったく同じように使うから、覚えておくとよいな
九載弗《ず》レ績《アラ》。
「九載績《きゅうさいせき》あらず」と読み、「九年間、何の実績もなかった」と訳す
弗
不

未然	連用	終止	連体	已然	命令
ず	ず	ず	（ぬ）	（ね）	○
ざラ	ざリ	○	ざル	ざレ	ざレ

さぁヒロト殿。改めて例文を書き下して、口語訳にしてみたまえ
覆水不レ返ラレ盆ニ。
「覆水盆《ふくすいぼん》に返《かえ》らず」こぼれた水はもとの器には戻らない、ということか
よし、正解だ この句法についてはバッチリだね
はい！劉備さん一歩リードです
ヒック まだ終わんねぇのか
コラッ！いい加減にしろ！
ぐいっ
バシャ
酒
あ!!!
びちゃ
お酒が…
もったいねぇなぁ
ぐびーっ
覆水でも張飛の腹には入るんだな
ハハハ
ハハハ

否定形の基本②

無…

読み

…なし

意味

…がない　…はない　…なものはない

後漢の明帝《みんてい》のころ、西域《さいいき》諸国を三十年もの間、平和に統轄した班超《はんちょう》という人がいた。
彼が帰国することになったとき、後任の任尚《じんしょう》は彼に西域統治のコツを聞いた
君は厳格な性格のようだが、水があまりに澄んでいるところには大魚は住まないものだ
西域の統治も大まかで寛容を心がけなさい
任尚は期待はずれの答えだと思い、これを用いなかった。結果、彼は西域の平和を維持することができなかったという。
さて、今回の例文はこれだ
水清ケレバ無シ二大魚一。
ヒロト殿、まず書き下し文にしてくれるかな?
「水清ければ大魚無し」かな
そう!
「無し」は今の日本語と意味も使い方も同じだからわかりやすいだろう
水がきれいな場所には、大きな魚は住めないのかしら?

ザバァ
そうなんだ。僕たちは隠れるところがない場所には住みたくないんだよ
じー
じー
この言葉は、清廉すぎる人物には人は寄りつかないから、
多少は大目に見たり、なあなあに済ませたりする部分が必要だという意味なんだ
私みたいに度量の広い人間には才能が集まってくるのさ
関羽だったら、厳しい法律を作って、ガチガチの国になりそうだな
張飛だったら、酒呑みばかりで、誰も働かない国にしてしまいそうだな
バチ
バチ
ひらがなにする必要もないから、簡単に読めるね
でも覚えなくてはいけないポイントはあるよ。第一に「無」は「不」と同じく返読文字だということだ
かならず返り点がつくのね
無ニ大魚

「無」は形容詞「なし」なので、体言や活用語の連体形あるいは連体形に「モノ」や「コト」がついた形から返る
ふんふん
コクコク

未然	連用	終止	連体	已然	命令
なク なカラ	なク なカリ	なシ ○	なキ なカル	なケル ○	○ なカレ

また「なし」と読むのは「無」だけじゃない。ふだん日本語では使わないものもあるから、覚えておくといいよ
「なし」と読む漢字……「莫」「勿」「毋」「靡」「无」「罔」「微」
特に莫と勿と毋は覚えるべし！
知らない字もあるのう
そして「無」も「不」と同じように、活用語尾の部分は送り仮名にするのだ

命令形「なカレ」は禁止を意味するのですぞ

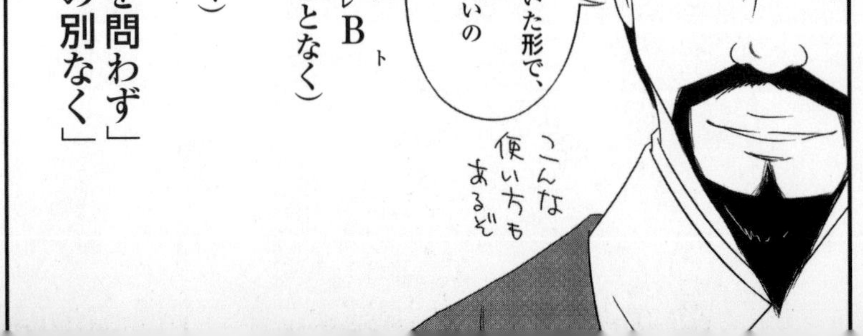
「無」を用いた形で、一つ覚えておいてほしいのがこれだ
こんな使い方もあるぞ
無《ク》ㇾA《ト》 無《ク》ㇾB《ト》
(AとなくBとなく)
無《ク》二A《ト》B《ト》一
(ABとなく)
⇒「ABを問わず」
「ABの別なく」

この形の場合、AとBに入るのは対義語だね
無ク レ貴ト ←A 無ク レ賤ト ←B
「身分の上下を問わず。」貴と賤《きせん》が対義語だ
無ク ニ老壮ト 一
「老壮《ろうそう》の別なく」「老《お》いも若《わか》きも」という意味ね。老と壮が対義語になっているわ
こいつは試験に出そうだな
せいぜい、しっかり覚えることだね
エッヘン
うるせぇ!
ギャ~
ポイ
水がきれいだからって、いいことばかりじゃないのね
汚いからいいことがある、ということではないぞ!
ワッハッハ
俺の部屋も汚なくていいんだ!
俺の部屋もだ!
張飛には目立つところにいてもらったほうがよさそうだ
それは俺が美しすぎるからか?
オエ~
オエ~
目の届かないところにいられると、何をするかわからないからな
それはいえるな、ハッハッハ
ガーン
監視するためかよっ

否定形の基本③

非…

読み

…(に)あらず

意味

…でない　…ではない　…なわけではない

陶淵明《とうえんめい》（陶潜《とうせん》）『帰去来辞《ききょらいのじ》』より
富貴ハ非ズ二吾ガ願ヒニ一。
いりません
先生どうぞ！
漢文のままだから、ちゃんとした意味はわからないけど、もったいないことをしてそうだ
口語訳は後にして、まず書き下し文にしてみてくだされ
ふ、「富貴《ふうき》は吾《わ》が願《ねが》ひに非《あら》ず」ですね
顔色が悪いようだな。どうされた？
ええ、というか…
ガーーッ
もったいな〜〜いっ
お金や地位がもらえるってのに、どうして断ってんのよー！
お前のことじゃねえだろ。お金お金って卑しいやつだな
メラ
ナラ
火事はどこでぇ。火事はどこでぇ
ザバー
ガッ
ぎょっ
びちゃ〜〜
お、来てくれたか
オイラは否定火消し非組に所属している「非」よ
お前もこれ着なよ！
着ればいいんでしょ着れば…
ハイハイ

富貴《ハ》非《ズ》吾《ガ》願《ヒニ》。
俺はラ変動詞「あり」＋打消の助動詞「ず」。必ず「…に」から返って、「…にあらず」と読む
フキフキ
打消の「ず」の部分が活用するのね。「非ザル」「非ザレ」とか
「…にあらず」の「に」は断定の助動詞「なり」の連用形。だから「に」の前は必ず体言か活用語の連体形になるぞ
「願ヒニ」の部分ね！
俺と同じように使われる仲間には「匪」がいるぜ
我《ガ》心《ハ》匪《ズ》レ石《ニ》、不《ル》レ可《カラ》レ転《まろバス》也。
「我《わ》が心石《こころいし》に匪《あら》ず」。これも「あらず」と読むのか
「匪」は『詩経』のような古い出典のものに多いよ
では、ミチカさん。最初の例文を口語訳してください
はい。「富貴は私の望むところではない」ですね
世の中、お金がすべてじゃないよ！
そうだ！どうして、金に執着する人間がいるのだろう？
コツ コツ
「お金に執着」？あなたに言われたくないわ！張飛さん
今日こそ酒代《さかだい》のツケを払ってもらいますよ！
ヒィ〜
ダダダッ
ちょ、ちょっと待ってくれな？
やっぱり一生懸命勉強して、お金をたくさん稼いだほうがよさそうだわ
俺も頑張ろうっと
張飛も、よい反面教師《はんめんきょうし》だな

二重否定①

無不…

読み

…(せ)ざる(は)なし

意味

…しないものはない

矛《ほこ》と盾《たて》を売っている、楚《そ》の国の人がいた。彼は売っている盾と矛について、こう説明した。
私の売っている盾の堅《かた》さといったら、どんなものでもこの盾を突き通すことはできないよ！
私の売っている矛の鋭さといったら、突き通さないものはないよ！
その商人にある人が聞いた
その矛で、その盾を突き通したら、どうなるかね？
商人は答えることができなかった。
さて、ここからは拙者が担当させていただく
関羽さんって、ダンディでちょっとよくなくない？
よくなくない？日本語おかしいよ。しかもかなり古いし
そうだそうだ。おかしいぞ
よくわかってないくせに
なによっ！ちょっと懐かしいかと思って言ってみたのに
「本当は流行語だと思っていた

でも、「よくなくない?」では、否定なのか肯定なのかよくわからなくない?
漢文にもそれに似たような句法があるのだ
ほら、この句法の前振りとして、「よくなくない」って使ってみたのよ
疑いの目
では今回の例文を見てみるとしよう
吾ガ矛《ほこ》之《の》利《と》キコト 於《イテ》レ物《ニ》 無《な》キレ不《ざ》ルレ陥《とほ》サ也《なり》。
「吾《わ》が矛《ほこ》の利《と》きこと物《もの》に於《お》いて陥《とほ》さざる無《な》きなり」ね
「利きこと」とは「鋭いこと」という意味。「陥す」は「通す、突き通す」という意味で使われている
わかりにくい漢字の使い方が多いな
矛というのは武器だよね
そう。矛とは両刃《もろは》の剣《つるぎ》に長い柄《え》をつけた武器のこと。突き刺すように使うものだ
これのことじゃい!
ぎょっ

そこで例文を見てみると
吾《ガ》矛《ほこ》之《の》利《とキコト》於《イテ》レ物《ニ》
彼は商人で、矛を売っている。その売り文句が「私の矛の鋭いことといったら、どんなものでも…」ここまでは大丈夫だな？
なんとか…
さて、ポイントはここからだぞ
無《なキ》レ不《ざル》レ陥《とほサ》也《なり》。
「不陥」だけを見れば「突き通さない」となる
うむ。しかし、それを「無」でもう一度否定しているのだから「突き通さないものはない」となるのだ。これを二重否定という
二重否定
否定を否定しているのね
でもさ、要するに「突き通す」ってことでしょ？まわりくどいなぁ
二重否定はただの肯定ではなく、強い肯定なのだ
だから例文の場合も「なんでも突き通す」というふうに訳すこともできる

しかし、まずは「～しないものはない」そのとおりの直訳型で覚えるとよいぞ
見た目どおりだもんな
「不」は活用語の未然形から返り、「無」は活用語の連体形から返る だから「（未然形）ざる無し」という形になる
ふむふむ
「ざるは無し」と「は」を入れる場合もあるが、これは語呂《ごろ》の問題で意味は同じことだ
じゃあそれは、句法上のルールではないのね
さてヒロト、口語訳をしてみてくれ
「私の矛の鋭いこととといったら、どんな物でも突き通さないものはない」
よし、正解だ。ちなみにこの話で出てくる盾のほうの原文はこれだ。普通の否定形だな
吾《ガ》楯《たて》之《の》堅《かたキコト》　莫《なキ》二能《よク》陥《とほスモノ》一也《なり》。
「吾《わ》が楯《たて》の堅《かた》きこと能《よ》く陥《とほ》すもの莫《な》きなり」
「莫」は「無」と同じだぞ
「私の盾の堅いことといったら、突き通せるものなどない」ね
ワハハハハハ
俺の蛇矛《だぼう》なら何でも一突きじゃい
ん？おかしいよこの人。何で攻めても突き通せない盾と、何でも突き通せる矛って両立しないじゃない
ん－？

そうね、つじつまが あわない…
あ！ これって「矛盾《むじゅん》」ね
あ…！
ポン
そう つじつまがあわない という意味の言葉 「矛盾」は、 この話に由来するんだ
へぇ、 知らなかった
これは有名な話 だから、ぜひ覚えて おきましょう
それから「無」と「不」の間に 一語名詞が 入る形もあるで ござる
無《シ》ニA《トシテ》 不《ルハ》レB （AとしてBせざるはなし）
「どんなAでもBしないものはない」
無《なシ》ニ草《くさトシテ》 不《ざルハ》レ死《かレ》。
「どんな草でも枯れないものはない。」
Aのところの送り仮名が 「トシテ」になることが 読み方のポイントだぞ
否定を重ねることで 強い肯定を表す 二重否定となる。 わかったな
わからなくない？
わからなくなくない？
にゃ にゃ
む、 わかったのか わからなかったのか がわからぬ
では関羽さん。 私から教えて 差し上げますわ
これは漢文の 二重否定と似ている ところがあって…
ビシビシ やってくださいや！ ミチカ先生！

江戸時代に頼山陽《らいさんよう》が記した『日本外史《にほんがいし》』は、漢文で書かれた日本の歴史書である。これは、その中の一節。
湖山《こざん》之《の》間《かん》無《なシ》ニ非《あらザル》レ兵《へいニ》者《もの》一。
さて、今回勉強する二重否定は「無非…」だぞ
前にやった「無不…」と似てるな。勘違いしそうだ
そう。二重否定は、前に勉強した「無」「不」「非」の基本形を組み合わせたものなんだ
でも、逆にいえば、その組み合わせさえマスターすれば二重否定はだいぶ楽になりそうね
なるほど！そういうことなら関羽さん、早く進めようよ
楽になると聞いた途端、やる気満々じゃのう
やる気が出たのはいいことだ。じゃあヒロト、この文章を書き下してみたまえ

二重否定②

無非…

読み

…(に)あらざる(は)なし

意味

…でないものはない

んと、前と同じ
パターンだとすると
「湖山《こざん》の間《かん》
兵《へい》に非《あら》ざる者《もの》無《な》し」かな
よし、その通り。
その勢いで口語訳
もしてみるか
湖山は、湖と山のことだ。
「非」が「～でない」で、
「無」が「～なものはない」
だったから「湖と山の
間は、兵でないもの
はない」だ
どうです？
関羽さん
うーん。正解だ。
「兵でないものはない」とは
「すべて兵だ」という意味だな
原則的に「無非A」は
「無レ非レA」のように
返ることも覚えて
おくように
ポカーン
これも拙者の
教育の賜物《たまもの》であろう。
どうだ？ もう拙者が
長兄でよいのでは
ないか？
いやいや。
私の先ほどまでの
教育の成果が、
出たのでしょう
いやいやいやいや。
俺の緻密《ちみつ》かつ洗練
された講義を聴けば、
ヒロトですら教育者
になれるはずだ
緻密かつ洗練…
この腕を見ても
信用できねぇのか？
ガッ
それだから
怪しいのよ…

「非ず」へは「…に」から返り、「無し」は連体形から返るから「…に非ざる無し」となる
今のヒロトには必要のない説明か
も、もちろんですとも
それでは、これはわかるかな。これができたら、私が長兄で決まりだろう
莫シレ匪ザル二爾《なんぢ》ノ極《きょく》ニ一。
なんだこれ？見たことあるような、ないような…
うーん
匪？
莫？
あぁ、よかった。それでこそヒロトね。「匪」＝「非」、「無」＝「莫」ですよね。関羽さん
そう。今までにも出てきたが、漢文には違う漢字でも同じ読み・同じ意味を持つ文字がたくさんある
「無」は「莫・勿・毋」と同じ。「非」は「匪」と同じだ。ミチカさん「は」さすがだな
誰かさんとは違いますよ？

「非ざるは無し」と「は」を入れてもいい。そして、この「無非」にも間に一語入る場合がある
無《シ》ニA《トシテ》　非《ザルハ》レB《ニ》
（AとしてBに非《あら》ざるは無《な》し）
「AなのはなんといってもBだ」
「なんといっても」という部分が意味を強めているんですね
物覚えが悪いのは、なんといってもヒロトだ
ガハハハハ
わざわざそんなムカツク例文作らなくても…
ガァ〜ッ
いやいや、今日のヒロトは大健闘でしたよ
ほんとですよねぇ。今日食べたお昼ごはんも忘れちゃうような人なのに
えっ、ヒロトってそんなにバカなのか？
そんなにバカじゃないよ！って今日お昼何食べたっけ？
まだ午前中だ
ジタ
バタ
ワハハハ
ハハハ
ウフフ…
…

孔子《こうし》の弟子である冉求《ぜんきゅう》は、孔子にこう言った
私は先生の教えを喜ばないわけではないのです。力不足なのです
孔子
冉求
それを聞いた孔子は、冉求に言った
力が足りない者は、やってみて途中で挫折《ざせつ》する。しかし、お前は最初から自分の力を限っているではないか
ZZZ…
ボンボン
ヒロト起きて。みんなにらんでるわよ
ギロリ
ギロ
ヒロト、我々の講義はそんなにつまらないかね
はっ！
いえ、みなさんの講義がつまらないわけではないのです
ただ、俺は力不足で途中からついていけなくなって、つい…

二重否定③

非不…

読み

…(せ)ざるにあらず

意味

…しないのではない
…しないわけではない

こうやって謙虚に言っておけば、みんな怒らないはずだよ
ヒソ ヒソ
こういう機転は利くのね
もう。
くわっ
ヒロト、自分の限界を自分で決めてはいけない
やってみないうちから、そんな態度でどうする！
真剣
ガッ
そうだ。君に能力があるかないかは、これからのがんばり次第だ
うぅぅ
俺、間違っていたよ
これから頑張ってみる！
グッ
ガッ
よし、気合いを入れるぞ。さっそくこれを書き下してみよう
今回は送り仮名なしでチャレンジだ
ただし、「説」は「よろこぶ」と読むぞ
非レ不レ説二子之道一。

「子《し》の道《みち》を説《よろこ》ばず非《あら》ず」かな？うーん。ちょっとおかしいかな
うーん。50点というところかな
えっ！50点も！
志《こころざし》が低いわ…
いや、ヒロトの実力を考えたら、かなりのもんだぜ
うむ。ただしポイントの部分はきれいに間違っているぞ
ポイントは「非不…」。二重否定だ。今までに覚えたルールを思い出して考えてみよう
「不」へは、活用語の未然形から返るから「説ぶ」は「説ば」になるのかな？
うむ、そのとおり。だが、「非」へ返るためには連体形＋「に」が必要なのを忘れていたな
だから「ず」を連体形「ざる」にして「…ざるに非ず」となるわけだ
「子《し》の道《みち》を説《よろこ》ばざるに非《あら》ず」と読むのか
意味は「不」の「…しない」と「非」の「…ではない」を語順につないで「…しないのではない」でいいのかな

そのとおりだ。否定を否定することで肯定となり、
「当然…する」と訳することもできるが、まずは「…しないのではない」という直訳型で覚えようぞ
「先生の教えを喜ばしく思わないのではない」となるのか
道＝教え
しかし、張飛が孔子の言葉を引用するなんて意外だよ
確かに、見直したぞ。張飛よ
さすがですねぇ
ハッハッハッ
あれ？
パラッ
もしかして、これがネタ帳？
子供でも分かる論語の絵本
パシッ
子供でも分かる論語
勉強してるのは偉いが、子供用とはな
ハハハ
学ぼうとしてる人を笑っちゃいかんよ
アハハ
お前らぁ
ガーッ
ヒィィィ
うわぁ、何で俺だけ
アハハハハハ

非無…

読み

…なきにあらず

意味

…がないのではない
…がないわけではない

陸魯望《りくろぼう》の「離別《りべつ》」と題された詩の一節
丈夫涙無《じょうふなみだな》きに非《あら》ず　離別《りべつ》の間《あいだ》に灑《そそ》がず
剣《けん》に仗《よ》りて樽酒に対《たい》し　游子《ゆうし》の顔《がん》を為《な》すを恥《は》づ
蝮蛇一《ふくだひと》たび手《て》を螫《さ》せば　壮士疾《そうしすみやか》に腕《うで》を解《と》く
思《おも》ふ所《ところ》は功名《こうみょう》に在《あ》り　離別《りべつ》は何《なん》ぞ歎《なげ》くに足《た》らん
おいおい。どうしたんだよ、ヒロトは
ホームシックになったのかしら？
どよ〜〜ん
なっさけねぇなぁ。しっかりしろよ、男だろ
気持ちはわかるが、男子たるもの簡単に涙を見せてはいかん
…
今のヒロトには、今回紹介した詩をよく読んでもらいたいものだな
ん、難しいな〜どんな内容？

「一人前の男でも決して涙を流すことがないわけではない。ただ、別れにあたって涙を流したりはしない。もっと大きなことに涙を流すものだ」ということを言っているのだ
「涙を流すことがないわけではない」という部分は二重否定ですね
さすがミチカさん。よく気がついたな。原文はこれだ
丈夫《じょうふ》非《ズ》レ無《キニ》レ涙。
以前学んだように「無」には、体言あるいは活用語の連体形、あるいは活用語の連体形に「モノ」か「コト」がついた形から返ってくる。さて「非」に返るには何が必要だったか？
これは最近やったばかりだ。連体形＋「に」だから「無きに非ず」になるかな
そうだ。では口語訳はわかるか？二重否定の部分は語順通りにつなげばいいだけだ
「…がない」と「…ではない」だから、「…がないのではない」「…がないわけではない」と訳せそうだな

「体が丈夫な男でも涙を流さないわけではない」でいいのかな
張飛さんみたいな人ね
うーん、ちょっと違うんだ「丈夫《じょうふ》」というのは今の意味とは違って「一人前の男」「すぐれた男」という意味だ「大丈夫」も同じ意味で、どちらも重要単語だから覚えておいてくれよ
張飛さんとはかけ離れた人ね
ぐぅ
ということは「一人前の男といえども涙を流さないわけではない」となるのか
ズーン
ヒロトは一人前じゃないから、泣いてもいいね？
……
ほら、泣きそう泣きそう
うっ…
あんまりいじめないように。まだ丈夫じゃないんだから
どよ～～ん

二重否定⑤

未嘗不…

読み

…いまだかつて(せ)ずんばあらず

意味

今まで一度も…しなかったことはない

宋代《そうだい》の文豪、蘇軾《そしょく》の『東皐子伝《とうこうしでん》の後に書す』の一節

私は一日中酒を呑んでも、五合《ごごう》にすぎない。天下に私ほど呑めない人もいないだろう。

しかし、人と呑むのは好きで、人がグイグイ呑んでるのを見るだけで楽しく、呑んでいる人以上に酔ってしまう。

私のわび住まいには、今まで一日だって客のなかったことはなく客がくると、今まで一度も酒を出さなかったことはない。

ガバ
ウィー
酒はうまいのう
ういっく
昼間から
酒なんか呑んで。
ちゃんと教える
自信あるのか？
でも、
おいしそうに
呑むなぁ
ほんと。
こっちまで
楽しくなっちゃう
酒ばかり呑んで
いるのは、あまり
よいことではないが、
蘇軾の気持ちも
わかるな

その原文はこれだ
客至《レバ》 未《ダ》三嘗《かつテ》 不《ンバアラ》二 置酒《ちしゅセ》一。
うーん
これは「客至れば嘗て置酒せ…ずんばあら？未だ？」明らかにおかしいわね…
ミチカさん？私のことを忘れてしまったの？
カッ
あっ！あなたは再読文字の…
そうよ！私に一度しか仕事させないなんて、差別じゃないかしら！
キャー未サマーー！
おひさしぶりね、みなさん
ちょっと苦手なんだよ この人
私の仕事が「いまだ…ず」と二回読ませるってこと覚えているわよね
未《いまダ》《ず》二…未然形一
はーい。覚えてま～す
ハイハーイ
前の例文「未嘗見泣」のときもそうだったけど、私は「嘗て」さんと組んで仕事することが多いの
これは覚えておくといいわ
ふむふむ

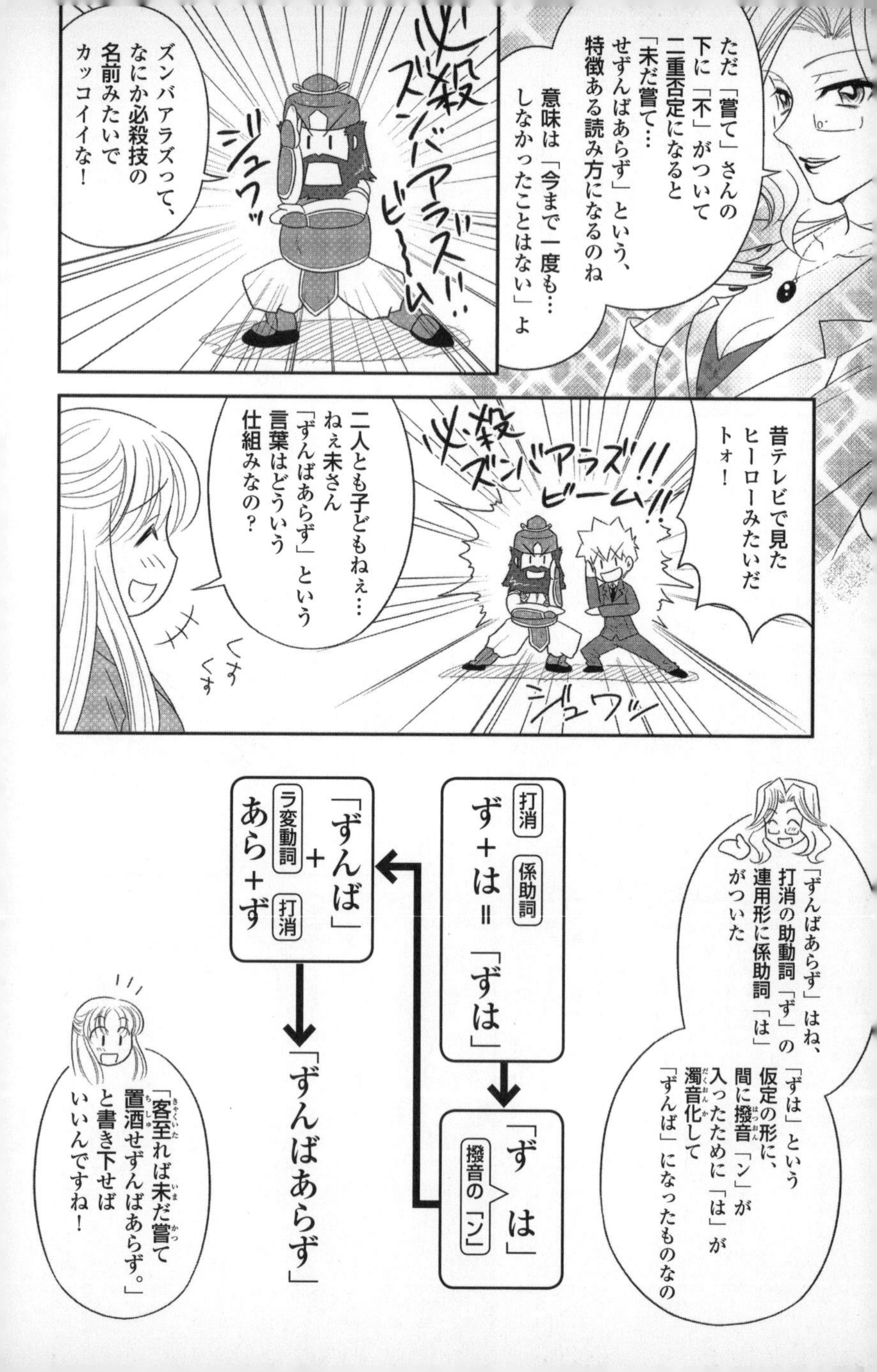
ただ「嘗て」さんの下に「不」がついて二重否定になると「未だ嘗て…せずんばあらず」という、特徴ある読み方になるのね
意味は「今まで一度も…しなかったことはない」よ
必殺ズンバアラズビ〜ム!!
ジュワッ
ズンバアラズって、なにか必殺技の名前みたいでカッコイイな！
昔テレビで見たヒーローみたいだトォ！
必殺ズンバアラズ!!ビーム!!
ジュワッ
二人とも子どもねぇ…ねぇ未さん「ずんばあらず」という言葉はどういう仕組みなの？
くすくす
「ずんばあらず」はね、打消の助動詞「ず」の連用形に係助詞「は」がついた
「ずは」という仮定の形に、間に撥音《はつおん》「ン」が入ったために「は」が濁音化《だくおんか》して「ずんば」になったものなの
打消 ず＋係助詞 は＝「ずは」
「ず 撥音の「ン」 は」
「ずんば」＋ラ変動詞 あら＋打消 ず
「ずんばあらず」
「客至《きゃくいた》れば未《いま》だ嘗《かつ》て置酒《ちしゅ》せずんばあらず。」と書き下せばいいんですね！

関羽さん、こんな感じでどうかしら？
おほん！えー、あー、大丈夫だ。また「未嘗不…」ではなく「未嘗無…」の形もあるぞ
未《ダ》嘗《テ》無《クンバアラ》…
（いまだかつて…なくんばあらず）
「今まで一度も…がなかったことはない」
これは、例文の中にも用いられているんだ
閑居《ニ》未《ダ》嘗《テ》一日《トシテ》無《クンバアラ》客。
（閑居《かんきょ》に未《いま》だ嘗《かつ》て一日《いちにち》として客《きゃく》無《な》くんばあらず）
「私のわび住まいは、一日だって客のない日はない」
それじゃあ、私は行くわ。ミチカちゃん、その調子で頑張ってね！
はいっ！ありがとうございました
はぁ、あいかわらずステキだったわ
お前たちの世界では、あんなのが人気なの？
うーん、好みはそれぞれっすよ
あぁ、未サマのようになれるかしら…
ミチカはあんな風になるのか…ミチカとつきあうのも考えものだな
相手にもされてないくせに
ククククッ

不敢不…

読み

あへて…(せ)ずんばあらず

意味

…しないわけにはいかない

孔子《こうし》が72歳の時の話。春秋《しゅんじゅう》時代末期、斉《さい》の国で、実力者であった陳成子《ちんせいこう》が主君の簡公《かんこう》を殺すという事件があった。

そのとき、魯《ろ》の国で政治に参与する大夫《たいふ》の立場にあった孔子は、主君である哀公《あいこう》に陳成子を討つように進言したが受け入れてもらえなかった。

それは、当時の政治的事情で仕方がないことだったのだが、孔子はこう言って嘆いたという。

無駄だとは思ったが、私も大夫の末席についている以上は、告げないわけにはいかなかったのだ。

哀公って人は王様なんでしょ？まったくだらしない
俺がいたら、陳なんとかってヤツをぶん殴ってやるんだがな
しかし、この時代は、臣下が権力を握って主君をないがしろにしたり、国を奪ったりすることが当たり前だったのですよ

哀公も何もできない状態だったのね
「哀」公だけに、哀《かな》しい話だな

原文はこれだ
不《ル》ニ敢《ヘテ》不《ンバアラ》レ告《ゲ》也。
さてミチカさん、例文を書き下してくれるかな
「不・不」はあの「ズンバアラズ」かしら。それに最後が也だから連体形。
「敢《あ》へて告《つ》げずんばあらざるなり」
そうなんだ。「不敢不……」は「未嘗不……」と同じく、ズンバアラズという読み方に特徴がある
お、またビームが必要か？いつでも手伝うぜ
ハハハー！
完全無視
「…しなかったらいられない」ということから「…しないわけにはいかない」とか
「…せずにはいられない」「…しなければならない」と訳す
無視……
もう一つ、「不…不」で「ズンバアラズ」と読む形には、「必ずしも」がつく形がある
不ニ必《ズシモ》不《ンバアラ》レA《セ》
（必ずしもAせずんばあらず）
「必ずしもAしない（Aでない）ことはない」
「必ずしも…しないことはない」というのはただの二重否定ではない…よね？

そう、するどい！これは部分否定もからんでいるのだ あとで出てくるぞ
俺が教えるところだな
張飛さん、俺に「教えずにはいられない」わけだね
すみやかに無視
孔子は老いてなお、自分の責務を全うするため、「告げないわけにはいかない」と思い、主君に意見したわけだよ
俺も、俺のキャラを全《まっと》うするために、センスのない発言をしてるんだ
どよ〜〜ん…
いじいじ
俺も、責務のために酒を呑んでるんだ
ガハハハハ
ハ〜〜ッ
あきれた責務ですこと
酒

『論語《ろんご》』の中にある、孔子《こうし》の言葉の一つ
「父母の年齢は知っていなければならない。一つにはそれで長生きを喜び、一つには老《お》い先《さき》を気づかうために」
孔子が大成させた「儒教《じゅきょう》」において、親孝行はとても大切なことなんだ
あら、儒教を知らない私たちでも、親孝行の大切さは知っているわ
「孝行をしたいときには親はなし」って言葉もあるぜ
「孝行をしようとすると、親は死んでしまう」という意味だろ？孝行なんてするもんじゃないね
ガックリ
ハァ…

二重否定⑦

不可不…

読み

…(せ)ざるべからず

意味

…しなければならない

よし、それでは原文から見ていくぞ
父母之《の》年《ハ》不《ル》レ可《カラ》レ不《ル》レ知《ラ》也。
「不可不…」の部分は、前回やった「不敢不…」と似ているわね
また「ズンバアラズ」かなぁ
ん？俺の出番か？
必殺!!
無視
……
「ずんばあらず」は「不《ず》」から「不」へ返る読み方なのだ。この「不可不…」は「不」から「不可」に返るから「…(せ)ざるべからず」と読むぞ
不《ざル》レ可《べカラ》レ不《ざル》レ知《しラ》也。
では、これは「父母《ふぼ》の年《とし》は知《し》らざるべからざるなり」と読むのね
「ザルベカラザルナリ」っていうのも「ズンバアラズ」以上にすごい響きだな。なんだか呪文のようじゃねぇか
ザルベカラザルナリ!!
ウン、面白そうだネ

ハハハ
ウケタ　ワーイ
子供だな…
一度「不」で打ち消した内容を「べからず」で禁止して「…しないことがあってはいけない」となるから、つまり、「…しなければならない」という意味になるのだ
また、「不可不…」は「不＋禁止」のほかに「不＋不可能」というパターンもある
不レ得《え》レ不《ルヲ》レA《セ》（Aせざるをえず）
不レ能《あたハ》レ不《ル》レA《セ》（Aせざるあたはず）
「…しないことはできない」
＝
…しないではいられない。
…しないわけにはいかない。
なるほど。それにしても、「親孝行」って聞いてたら、母ちゃんの顔を思い出したよ。漢文の勉強なんてやめて、日本に帰ろうかな？
そうしたら、先生はどうするんだね？
いんじゃない？いなくても
ハックション

不常…

読み

つねには…(せ)ず

意味

いつも…とは限らない

唐の詩人・韓愈《かんゆ》が記した「雑説《ざっせつ》」という有名な文章の一部である。
千里ノ馬ハ常ニ有レドモ
伯楽ハ不二常ニハ有ラ一。
ヒヒーン
うーん
わははははっ
さぁさぁ！ここからは俺の出番だ！お前ら準備はいいか！
はぁ…
ハァ…
こらっ！やる気だせよヒロト！今回は俺の大好きな馬の話だぜ！
馬ってカワイイですよねぇ
うちの親父も競馬《けいば》が好きなんだよな
そうだろう。馬は焼いてもウマいし、生でもウマいからな
えっ！食べ物？そしてダジャレ？
えーえ!!

ええい、うるさい、うるさい
さっさと書き下し文にしてみやがれ
千里ノ馬ハ常ニ有レドモ　伯楽ハ不二常ニハ有一ラ。
うるさいのはどっちよ
「千里《せんり》の馬《うま》は常《つね》に有《あ》れども、伯楽《はくらく》は常《つね》には有《あ》らず。」か
「千里の馬」は何となくわかるけど「伯楽」って？
うむ、ポイントはそこじゃい！まず「千里の馬」とは、一日に千里を走る名馬のこと。食ってはもったいない馬ってことだな
…
「伯楽」ってのは馬の鑑定人《かんていにん》のことじゃ
どうして「伯楽」が馬の鑑定人なの？
こまかいこと聞くんじゃねぇ！
伯楽は、もともと天界で天馬の飼育係をする星の名前だった
そのことから、地上における馬の鑑定の名人のことを「伯楽」というようになったんだよ
ムーッ
さっすが劉備さん！

そんなことはどうでもいいんじゃ。ようするに食える馬と食えない馬の話ってことさ！
いや、実はここで韓愈は「千里の馬」は有能な人材のこと。「伯楽」はそうした人材を見抜いて登用する目を持った為政者《いせいしゃ》（政治家）のことを言っているのだ
さっすが関羽さん！
ふん！ふん！さっさと句法の説明するぜ！野郎ども、出陣だ！
おう！また会ったな。否定火消しの「不」、覚えてるかい？
否定にはつきもののあなたを、忘れるはずないですよ
うれしいこというねぇ。ただ、最近俺もちょっと控《ひか》え目になろうと思ってよ、副詞組の連中と行動しているんだ
はじめまして、副詞組の「常」といいます
不さんとは違って、丁寧な人ねぇ
俺が副詞組の上に乗っている場合は「部分否定」になるぜ
そのとき、私は「つねには」と読み、「いつも…とは限らない」と訳します

不ニ常ニハ……「部分否定」 つねには……(せ)ず いつも…とは限らない
副詞組が下にいると一部だけを否定することができるんだ
例えば「いつも勉強するとは限らない」って場合だと、勉強することもあるし、勉強しないこともあるってことか
ただよ、間違えて、俺が副詞組の下にきちまったら大変だ。俺が副詞組の下にいる場合は「全部否定」になる
そのとき、私は「つねに」と読み、「いつも……でない」と訳します
否定を強調することになっちゃうのね
常ニ不ニ……「全部否定」 つねに……(せ)ず いつも…ない
二人ともわかっただろうな。ではヒロト、部分否定の例文を一つ作ってみてくれ

うーんと、ミチカちゃんは「不ニ常《ニハ》優《シカラ》一」
まぁ、いつも優しいってことはないわね。時には厳しさも必要だから
本音は「常《ニ》不レ優《シカラ》」だよ
ヒ ヒ
漢文としても、事実としても正解じゃな
聞・こ・え・て・ま・す・よ！
ま、まぁ、それはおいといて、部分否定を踏まえたうえで、韓愈の文章を改めて口語訳してみてくれ
一日に千里を走る名馬はいつもいるが、伯楽はいつもいるとは限らない
世の中には有能な人材はいつもいるが、それを見出す目を持った立派な人物は、いつもいるとは限らない
これが口語訳だ
これが韓愈の言いたいことね
全部否定は部分否定のついでに出題される程度だ
大事なのは部分否定のほうだよ
俺という名馬をみんなが気づかないのも、伯楽が少ないせいなのかな…
ヒロトは馬どころか、馬の骨ね

部分否定②

不復…

読み

また…(せ)ず

意味

二度と再び…しない

『韓非子《かんぴし》』のなかにある話の一つ
宋《そう》の国の農夫が畑仕事をしていたところ、兎が走り出てきて木の切り株にぶつかって死んでしまった。農夫は労せず兎を手に入れて「こりゃいいや」と思った。
ガッ
それからというもの、農夫は毎日ものかげに隠れて木の切り株をじっと見つめ、また楽をして兎を手に入れようと思って過ごしていたのだが、
二度と再び兎を捕まえることができなかった。
物事の本質が見きわめられなかった農夫は、国中の笑いものになったとさ。
ワクワク
バカだなぁ
おい、お前ら今日はこれ見て勉強しとけ
今日は二人の馬がない。そういう日は必ず出かけてるんだ。こういうときは、ラクをさせてもらうぞ
えっ？テキトーすぎない？
子供用漢文入門

こら張飛！ズルをしちゃいかん！
ゲッ！お前ら出かけてたんじゃないのか
拙者たちの馬は、今日は知り合いに貸してあるのでござる
お前たち、ズルはいかんなぁ
ま、今回だけは大目に見るがな。さぁ、原文はこれだ
じーー
兎不レ可《カラ》ニ復《まタ》得《う》一。
書き下し文は「兎《うさぎ》復《ま》た得《う》べからず」か…
ここで重要な句法は「不復…」の部分じゃ
さっきの「不常」と同じで、不＋副詞「復」ってことは、部分否定の形ですね

そうじゃ。「二度と再び…しない」っつー意味だな
例文の場合だと、一度はウサギを手に入れることができたけど
「二度と再びつかまえることができなかった」ということだな
前にうまくいったからといって、次も同じ方法でうまくいくとは限らないということね
古い時代の成功は忘れなさい!!
前はうまくいったのですが…
韓非子はこのあと「尭《ぎょう》とか舜《しゅん》とかいう昔の王たちの政治のやり方で、戦国の世を治めようとするのは、この株を守ることと同じだ」と、儒家《じゅか》の徳治《とくち》主義の政治論を時代遅れだと非難しているんだよ
ところで、この句法も「常不…」のときのように、全部否定の形もあるの？
「復不…」で「今度もまた…しない」という意味になるぞ
また？ または？
あれ？「不常…」のときは「つねに」と「つねには」って副詞部分の読み方が変わったけど、今回は変わらないの？

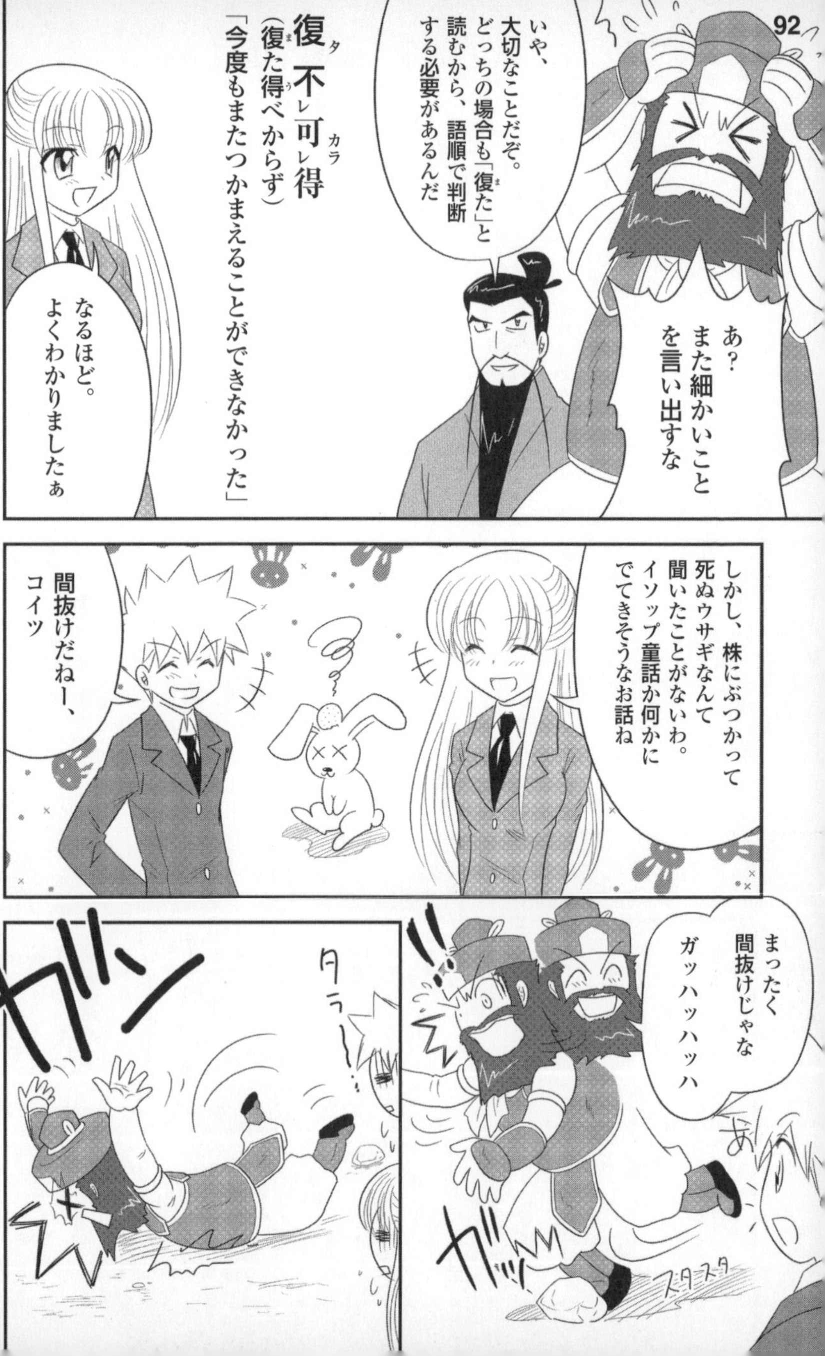
あ？
また細かいこと
を言い出すな
いや、
大切なことだぞ。
どっちの場合も「復《ま》た」と
読むから、語順で判断
する必要があるんだ
復《タ》不レ可レ得《カラ》
(復《ま》た得《う》べからず)
「今度もまたつかまえることができなかった」
なるほど。
よくわかりましたぁ
しかし、株にぶつかって
死ぬウサギなんて
聞いたことがないわ。
イソップ童話か何かに
でてきそうなお話ね
間抜けだねー、
コイツ
まったく
間抜けじゃな
ガッハッハッハ
スタスタ
ガツン
タラ～…

部分否定③

不倶…

読み

ともには…(せ)ず

意味

両方とも…とは限らない

『十八史略』にある話
廉頗
戦国時代の趙《ちょう》の藺相如《りんしょうじょ》は、将軍である廉頗《れんぱ》が、地位を越えた自分を恨んでいると聞いて、同席したり、外出先ですれ違ったりすることを避けるようにした。
藺相如
強国の秦《しん》が趙を攻められないのは、自分と廉頗がいるからだ
二匹の虎が戦ったら、両方ともには生きていない。
つまり、自分と廉頗が争ったら、どちらかが失脚するまで争わずにはすまないだろう。それでは国が危うくなるだけだ。
その藺相如の心を知った廉頗はイバラのムチを背負って藺相如の家の前で謝罪し、以後二人は「刎頸《ふんけい》の交《まじ》わり」を結んだという。
政治的なライバルのいい話だね
仲直りできてよかったわね
この「刎頸」ってのは、首をはねるということ。その人のために首をはねられたとしても後悔しないというほど、深い友情で結ばれた関係ということだな

お前らもこんな関係になればいいな
たまにはいいこといいますね
ボソボソ
友情ではなく愛情で結ばれたいよ
何か言ったか？次にいくぞ
両虎共《ニ》闘《たたかハバ》 不二倶《ともニハ》 生《キ》一。
「両虎《りょうこ》共《とも》に闘《たたか》はば、倶《とも》には生《い》きず」ね
ポイントは「不倶…」。不＋副詞「倶」の部分否定じゃ
「倶」は「ともには」と読んで「両方とも…とは限らない」と訳すのね
それならヒロト、全部否定になったらどうなるかわかるか？「常不…」と同じパターンだぞ
「倶」は「ともに」と読んで「両方とも…ない」と訳す。倶《ニ》不レ生《キ》（ともに生きず）「両方とも生きてはいない」じゃないかな
おお、正解じゃい！二人とも部分否定はわかったようじゃのう。これで俺の授業は終了…
ちょっとまったー！
ザバッ
お、否定火消しだ！
俺と副詞組の名コンビは、それだけじゃねぇんだ。他にもこんな組み合わせがあるぜ
ぴちょ
ぴちょ

部分否定

不二必《ズシモ》……一（必ずしも…ず）「必ずしも…とは限らない」

勇者《ハ》不二必《ズシモ》有《ラ》レ仁一。
（勇者《ゆうしゃ》は必《かなら》ずしも仁《じん》有《あ》らず）「勇敢な人間が必ずしも仁の心があるとは限らない」

不二甚《はなはダシクハ》……一（甚だしくは…ず）「それほどひどく…ない」

流《レ》不二甚《ダシクハ》急《ナラ》一。
（流《なが》れ甚《はなは》だしくは急《きゅう》ならず）「流れはそれほど急ではない」

不二重《ネテハ》……一（重ねては…ず）「二度と…ない」

盛年不二重《ネテハ》来《タラ》一。
（盛年《せいねん》重《かさ》ねては来《き》たらず）「若くさかんなときは二度とは来ない」

不二尽《ことごとクハ》……一（尽くは…ず）「すべては…ない」「すべてが…なわけではない」

不レ可《カラ》二尽《クハ》信《ズ》一。
（尽《ことごと》くは信《しん》ずべからず）「すべてを信用するわけにはいかない」

さらに「不再…」「不全…」といったものもあるぜ。そしてもちろん、副詞組が上、俺が下なら全部否定となる

「不重…」の訳が部分否定らしくないわ
そう。「不重…」「不復…」「不再…」あたりは「一度は…だったが、二度とは…」というよりも、「決して…ない」のように強調の形で訳す例も多いから気をつけてくれよ
グゥグゥ
あっ！おとなしいと思ったら寝てるぜ、この人
でも、寝てたほうが静かで勉強がはかどるわね
クスクス
火消しが全部やってしまったのでふて寝中

否定には、
「不・無・非」の基本形、
以外にも二重否定や部分否定
があることがわかったわ
部分
二重
基本形
単純に否定するもの、
否定の否定で強い
肯定になるもの、
「いつも…とは限らない」
というように、一部を否定
するものとか、否定と
言っても内容は複雑
だったな
大丈夫だ。
一つ一つをしっかり
学んでいけば、
難しいことなんて
ないぞ
そうだね。
数はたくさんあったけど、
似たようなパターンの
句法が多いから、
覚えやすかったよ
二重否定の
「不」「非」「無」の
組み合わせとか、
似ているだけに
混同しないよう、
注意しなくちゃね
うんうん

あと「ズンバアラズ」とか「ザルベカラズ」のように、読み方に特徴があるのが面白かったな
接続のしかたとか、文法から読み方を理解する手もあるが、「ズンバアラズ」などと、丸暗記してもいいぞ
んでお前ら、誰が長兄にふさわしいと思うんじゃい！
するする…
ガーン
これで決まりだな
そうでござるな
待てやお前らー！
それが正しい評価だようぅ
ですよぅ

第4章 孔子に教えを乞う! ~禁止・不可能

ふー、ずっと否定の表現ばっかり勉強していたから、なんだか気持ちが滅入《めい》ってきたよ
俺の頭の上に火消し組の「不」が乗っかって、俺そのものを否定されてるんじゃないかって
ただ単に、勉強嫌いだからじゃないの? でも、気持ちはわからなくもないわ
んで、劉備《りゅうび》さんの話だと、このあたりで先生を見たってことだけど…
もう疲れたし歩きたくないよ。先生が頑張って俺たちを探せよー
そんなことではいかんな。師は大切に、親も大切に
じいさん、親孝行はもう習ったよ!
どっかで見たことある…、あっ! この人、孔子よ!
げっ!「親孝行」のご本尊《ほんぞん》だよ!
わはは、よいよい。それよりもおぬしら、漢文の否定形を勉強してきたらしいの
フォフォフォ
孔子

いえ、そんなことしてませんよ
その頭の上の「不」は何じゃ？
バレバレじゃないの
ゲゲ
げっ！本当に乗っかってやがった
フォフォ
うそはいかんの、うそは
そうじゃ！せっかくじゃから、もっとネガティブな「禁止&不可能」を勉強してみるか
何でそんなことしなきゃいけないんだよ
それは、おぬしが「〜してはいけない」と禁止されることも、「〜できない」と弱音を吐くことも多そうだからじゃ
ひ、ヒドい
ガーン
あ…、もしかして、先生の居場所を知ってるんじゃ
フォフォフォフォ
お嬢さんは察《さっ》しがいいの。もちろん勉強をしなきゃ、教えてやらん
ここはミチカちゃんに任せて…
コソコソ
ヒロト！まずは、逃げるの禁止！
ドン
逃げ出すことは不可能なようじゃの
もし付き合っても尻にひかれそ…？

禁止

勿…

読み

…（する）なかれ

意味

…するな　…してはいけない

子貢《しこう》は孔子の弟子の中でも弁舌にすぐれ、政治や商売の才能もあった人物
先生、人生のモットーにもなる、意義深い一言《ひとこと》はありますか？
う～ん。それは「恕《じょ》」かな！「自分が嫌なことは、他人にしない」ということだ
子貢
孔子
この話は、私の言葉を集めた『論語《ろんご》』に収められているぞ
「恕」というのが何かわからないけど、大切なことなのね
あ。俺、「恕」が何かわかったぞ！ミチカの人生のテーマみたいなもんだな
まぁ、ヒロトったら
孔子がテーマにしているくらいだものいいことに決まっているわ
すぐに怒るミチカに「怒」ってほんとにピッタリだよね！

怒
「怒《ど》」じゃなくて「恕《じょ》」よ！
メラメラ
ヒイイイ
「恕」とは「思いやり」のこと。ワシの言葉のなかでも、人気の高い重要単語じゃ
重い槍→
ずっしり
思いヤリなら…かなりの…自信が…
お約束ねぇ…
フォフォフォフォ
俺のギャグがわかるなんて、トガったセンスのじいさんだな
はっはっは。ま、とにかく原文を見てみようではないか
グッ
己《ノ》所レ不《ざル》レ欲《ほっセ》、勿《なカレ》レ施《スコト》二於人《ニ》一。
書き下し文は「己《おのれ》の欲《ほっ》せざる所《ところ》、人《ひと》に施《ほど》すこと勿《な》かれ」ですね
さて、この文章でポイントになる句法が「勿」だ
「勿」って漢字はどこかで見たな。「刀」に似てるし、何かトゲトゲしい感じがするぞ
ほう、するどいのぉ。「勿」は「刀が物をバサバサと切る様子」を表しているという説もあるんだ
ちょっと怖いわね
刀かぁ。子どものころチャンバラとかやってたなぁ
エイッ
あーれー、お侍《さむらい》さま、お助け〜！
キャー

シャラララ〜
勿
チャラララララ〜
勿
誰だ！
か弱き女性を
いじめる不届き者は！
か弱き！
か弱き女性
はここよ！
助けて〜
しなり
か、か弱き女性…。
ププププ
ええい、
女性に手を上げ
てはならぬ！
たたっ切ってくれるわ！
ヒィーーッ
ヒー。
この人本気だ！
ゴメンナサイ
ゴメンナサイ
というか、
あなたは？
拙者《せっしゃ》、人のダメな
行動を禁止して回る、
禁止侍《ざむらい》「勿」じゃ。
おぬしか？
人が嫌がること
ばかりやっておる輩《やから》は。
拙者の刀のサビに
してくれるわっ！
ギャー、
お助けー
ちょ、ちょっと
待ってください。
お侍様。
あなたはどのような
活躍をされているのか、
教えていただきたい
のですが

うむ、いい心がけだな娘。それでは、改めて例文を見てくだされ
己ノ所レ不レ欲《ほっせ》、勿カレレ施スコト二於人ニ一。
前半部分はわかるわ。「自分が望まないこと」とか「自分がいやなこと」ね
それでは、後半部分に拙者がいなかったらどうなるか
施ス二於人ニ一（人に施す）
「自分がいやなことを、人にする」になるな
そこで「…するな」「…してはいけない」という意味を持つ拙者の登場だ
勿カレレ施スコト二於人ニ一
禁止
「人にしてはいけない」となるのね
ヒロト、お主《ぬし》も、刀を持った拙者に追いかけられて嫌な思いをしただろう
もちろんです。すごく怖かったよ
同じように、娘も嫌な気持ちだったはずだ
そうでもないけど…面倒だからいいや…
はい、はい、わかりました
コク コク

さて「勿かれ」は「なし」という形容詞の命令形だから、活用語の連体形か、それに「コト」のついた形から返ってくるのじゃ
また、「勿」以外の「無・莫・毋」も同じように使うのじゃぞ
勿・無・莫・毋 ＝ なかれ
「毋」も「なかれ」と読むのね
も——— やってられね〜
……
……
……
コソコソ
臨ンデハレ難ニ毋カレ二苟《いや》シクモ免レントスル一。
(難《なん》に臨《のぞ》んでは苟《いや》しくも免《まぬか》れんとする毋《な》かれ)
「困難に直面したときに、かりにもそこから逃げようとしてはいけない」
ん？
逃げよう…
コソコソ
ギャー、やられたー
安心せい、みねうちじゃ
ザッ
「毋かれ」のままでいいの？「なかれ」とひらがなにしたほうがわかりやすいよ
「無」以外は、ふだんの日本語では使わない字だが、形容詞の語幹だから、漢字のまま書き下せばよろしい

フォォ
また、訳し方じゃが「…するな」「…してはいけない」「…しないでくれ」など、前後の流れから強弱を考えて訳すのもポイントじゃぞ
もう一つ、禁止形は「なかれ」のほかに「不可…」（…べからず）がある。「べし」は終止形につく助動詞じゃ
フンフン
カリカリ
一寸ノ光陰不レ可カラレ軽ンズ。
（一寸《いっすん》の光陰《こういん》軽《かろ》んずべからず）
「わずかな時間もむだにしてはいけない」
フォフォ
次は不可能形を勉強するのじゃが、そこにも「不可…」という形が出てくるぞ
間違えないように注意しないとね
しかし、今回は激しかったなぁ。俺、もう他人が嫌がることはしないよ
そうよ。私を大切にしないと、また禁止侍に切られるわよ
うむ、何かあったら拙者を呼ぶのだぞ
はーい よびまーす♡
うふふ
あのお侍、もう終わりだ…

東大
相手が大軍であっても、大将を奪い取れば、打ち破ることができる。
しかし、どんなに地位の低い人間でも、その志を奪うことはできない。
これはよい言葉だなぁ。やる気でてきそう
当たり前じゃ。これもワシの言葉をまとめた『論語』にある話じゃからな
絶賛発売中
論語
孔子って、意外に図々しい性格だな
私がやられ役になったのも、気に入らないわね
ワシだって人間じゃ。自慢したり冗談を言ったりすることもあるわい
カーッ
怒らせないほうが今後のためだな
うん、いろいろとね
まーまー
確かに、そのほうが親近感がわくよねっ
人間味あふれるのも、孔子様のよいところですよねっ

不可…

読み

…(す)べからず

意味

…できない

そうじゃろう、そうじゃろう。さぁ、今回の句法もやさしく教えるぞい
匹《ひっ》夫《ぷモ》不《ざル》レ可《べカラ》レ奪《フ》レ志《こころざしヲ》也《なり》。
書き下し文は「匹夫《ひっぷ》も志《こころざし》を奪《うば》ふべからざるなり。」ですね
「匹夫」ってなんだ？夫が一匹…？HIP（尻）？かかあ天下で、尻にしかれてるのかな？
う、うちはかかあ天下じゃないぞ。匹夫というのは「身分の低い卑しい人間」という意味じゃ
重要な言葉だから覚えておくように
アセ
アセ
かかあ天下だったのね
想像できないよね
ヒソ
ヒソ
これは前にやった禁止形みたいに見えるけど、違うのですか？
うむ。この「不可…」は禁止ではなく、「…できない」という意味になる不可能の形なのじゃ

「べし」は活用語の終止形につく助動詞で、「べからず（不可）」になっても同じ。活用語の終止形から返るのじゃ
ただし「あるべからず」のようにラ変型活用語の場合は連体形から返ってくるぞ
フォフォ
古文の文法と同じですね
う、うんうん。もちろん知ってたさ
ギラッ
古文
参考書
禁止形にも「べからず」があったが、不可能か禁止かは、
文脈上で判断するしかないのじゃ
よく読んで判断するしかないのね
あと、「可」も「不」も助動詞だから、書き下すときにはひらがなにすることを忘れちゃならんぞ
はーい
ちょっと変わった読み方をするから注意しておきたい形があるぞ。「不可」の下に「勝」が入って「勝」を「あげて」と読み
不レ可《カラ》ニ勝《あゲテ》……《ス》一
（あげて…すべからず）
「…しきれないほど多い」
と訳すかたちがあるのじゃ
たとえばこんな文じゃ
不レ可《カラ》ニ勝《あゲテ》数《かぞフ》一。
（勝《あ》げて数《かぞ》ふべからず）
「数えきれないほど多い」
フォフォフォ

「勝《あ》げて」という読み方は、なじみがないですね
「勝」は「たふ」＝「堪」「耐」という読み方もあって、さきほどの例文もこう読むこともできる
フォフォ
不レ可《カラ》レ勝《たフ》レ数《フルニ》。
（数ふるに勝《た》ふべからず）
数えることに耐えられないくらい多い、ということね
ところで、ヒロト君。本当に東大に入ろうと思ってるの？
東大合格
ポイ
いや、俺だって自分の実力くらいわきまえてるさ
あら意外ね
しょせん俺は匹夫《ひっぷ》だからね。匹夫らしいことでもするさ
何するの？
匹夫ホップですYO！ HEY！ YO！
バッ
ピ～ス
チェキ
YO YO
チェキ～☆
匹夫だからヒップホップウヒヒヒ
フォフォフォ
……

不可能②

不能…

読み

…（する）あたはず

意味

…できない

ウーーん
ウーーん
お、漢文の勉強をしておるのか。感心じゃのう
フォフォフォ
うーん。やりたくはないけど、一応受験を控えてるから
先生と再会したときに、成長を見せつけなくちゃ
でも、何か悩んでたようじゃの
そうなんですよ。二重否定の「無不…」（58ページ）の復習をしてたんです
「矛盾《むじゅん》」の話を習ったんですけど
どんな盾《たて》でも突き通す矛《ほこ》とどんな矛も通さない盾を売っている商人がいたという、つじつまの合わない話じゃな
フォフォ
そうそう。でもお客さんにそれを指摘された商人が、どうしたのか忘れちゃって
恥ずかしくて逃げ出したんでしたっけ

矛盾の話は「矛盾」しているところが物語のピークじゃからのぅ。その後は忘れがちじゃな
正解はこれじゃ
其ノ人弗《ざ》ルレ能《あた》ハレ応《こた》フル也《なり》。
わっ。原文で出てきた！ということは…
新しい句法なのね
その通りじゃ
そういうことならさっそく…書き下し文は「其《そ》の人《ひと》応《こた》ふる能《あた》はざるなり」ですね
ん？なんで「ざる」と読んだの？「ざる」なら「不」じゃないの？
もー。
否定形でやったじゃない。「弗」は「不」とまったく同じなのよ
あー、そんなのあったね。「あの漢字は、今どこに？」だよ
どこも何も、ここじゃ！さて、今回のポイントは「不（弗）能…」だ。「…できない」という不可能の意味を持つ句法じゃぞ
×「ふのう」
○「あたはず」
「不能…」で「あたはず」と読むのも、かなり特殊ですよね
「能」は「不」で打ち消す場合だけ「あたはず」と読み、活用語の連体形あるいは連体形＋「コト」から返る。「不」で打ち消す以外の場合「能」は「よく」と読むのじゃ
フォフォフォ
①不能《あたハ》二……《スル》一（あたはず）「…できない」
②能《よク》……（よく…）「…できる」
③無《シ》二能《よク》……《スルモノ》一（よく…するものなし）「…することのできるものはない」

肯定文で「あたふ」と読むことはないのかな
うむ。原則的には、肯定文で「あたふ」と読むことはない。だから「あたはず」という形を覚えるのじゃ
もう一つ、不可能形には「不得…」という句法もあるのじゃ。「不得…」は、活用語の連体形＋「ヲ」から返ってきて、「…（する）を得ず」と読み、「…できない」と訳すのじゃ
荘不レ得レ撃ツヲ。
（荘《そう》撃《う》つを得《え》ず）
「荘は撃つことができない」
それではお嬢さん、最初の例文の口語訳をお願いしようか
はい。「その人は答えることができなかった」ですね
それはそうだろう。つじつまのあわないことを言って、物を売ろうとしていたんだから
調子のいいことばかり言って、あとで困っちゃうのは誰かさんと同じじゃね
くっ

ふぅ、「…できない」とか「…するな」とか、いやな感じだったなぁ
ヒロトには漢文以外でも、いい勉強になったんじゃない？
ネガティブな表現だったが、楽しく教えることができて満足じゃ
次はポジティブな表現を勉強したいもんだ
ヒロトが漢文を勉強したいなんて！明日は雨かしら！
ガク
ハァ～…
いちいち気にさわることをいうな
ボキ
ボキ
私に何かしようなんて思わないことよ禁止侍が来るわよ
ウチの孫も、そうやってしつけたんじゃ
フォフォ
キィイイイイイ
ガー
ガー
ダン
ダン
いいかげんにしなさいっ
ギャー
これもまた、思いやりですよ
恕

第5章　豚と河童？　漢文西遊記に出発！～疑問・反語

こっちでよかったよね
あ、あの人たちに聞いてみようよ
三蔵師匠《さんぞうししょう》のいいつけは守れ！　ここに来る子どもに漢文を教えなきゃならないんだぞ
めんどくせぇよ！そんな子どもは食っちまえばいいんだよ！
バカか！そんなことしたら、師匠に破門されるだろ、この豚！
豚って言うな！河童《かっぱ》のくせに！
あのう、お二方《ふたかた》
あぁん？なんだお前！
ギョッ
ギャーー！妖怪だーー！
あいつらが三蔵師匠がおっしゃっていた…
おお！　あいつらか。おーい、待ってくれぇ！

ヒイ
ゴメンナサイ
もうしません
「もうしません」じゃねぇ。
するんだよ！
漢文の勉強を！
バタバタ
ガッ
アワワッ
「疑問」を俺様、沙悟浄《さごじょう》が。
「反語」をこの豚、猪八戒《ちょはっかい》が教えるぞ
私はミチカ、彼はヒロト
あぁ、西遊記《さいゆうき》のドタバタコンビか
でも、僕たちはいなくなった先生を探してるんだ。急がなくちゃ
漢文面倒だし、この人たち怖いし
あぁ。そいつのことなら知ってるぜ。講義の後に教えたるわ
ハァ
いっつもこのパターンね
ところで、「疑問」はわかるけど、「反語」って何？
反語も疑問の表現の一つだ。でも、疑問を投げかけるというよりは、疑問の表現を利用して、自分の意見や感情を強調するものなんだ
疑問で強調？まったくわからないや
まぁ、おいおい説明してやるさ。それでもわからなければ食ってやるから安心しな
じゅるるっ
僕は生きて帰れるのだろうか。いや、帰れないだろう
アワワ～ッ
何だ、わかってるじゃねぇか。それが反語だ
やるわねヒロト！
？・？・？

疑問・反語①

…乎

読み

…んや

…や

意味

…だろうか、いや…ない

…か

前漢の時代に司馬遷《しばせん》によって書かれた歴史書『史記《しき》』。なかでも、漢の劉邦と楚《そ》の項羽が覇を争った話は有名。これは、項羽が命運尽きて、最期を迎えたときの話。必死に逃げるものの、ついに敵兵に取り囲まれる項羽。しかし、自分を取り囲んだ敵兵の中に、かつての部下であった呂馬童《ろばどう》の姿を見つけ、こう叫んだ。

「お前は私の昔なじみではないか!」
項羽
呂馬童

呂馬童は一瞬顔を背けるが、仲間に「こいつが項王だ」と教える。そして項羽は、自分の首にかかっていた莫大な賞金をおまえにくれてやると叫んで、自ら首をはねて自害した。

そういえばさっき…!
ん? いったいどうしたのよ

さっき猪八戒と沙悟浄から逃げてたとき、俺をおとりにして逃げようとしただろ!
食べるなら、ヒロトのほうがおいしいわよー
なっ
あっ

あ、あれは、その…、ねぇ
俺は何でも食っちまうが、ミチカだけは煮ても焼いても食えねぇな
ハハハ
うむ、まったくだ
そうだそうだー
なによ、みんなして
ははは、まるで「四面楚歌《しめんそか》」だな。
ん？四面楚歌って？
「四面楚歌」は、「劉邦《りゅうほう》と項羽《こうう》」に由来する言葉で、まわりがすべて敵という状況を言うんだ
項羽を取り囲んだ漢の軍勢が楚の歌を歌い、これを聞いた項羽が「楚の兵士たちも皆が漢に降伏したのか」と嘆いた、というのが語源なんだ
妖怪なのに、歴史や文学に詳しいんですね
まあな。さっそく例文を見てみよう。追いつめられた項羽が、取り囲んだ敵の中に、
かつての自分の部下を見つけて言った一言だ
若《なんぢ》非《ハズ》二吾《ガ》故人《ニ》一乎《や》。

そ、その前に質問があるんだけど
ガタガタ
どうした？早く言わねぇと、食うぞ
「故人」って死んだ人のことだろ？呂馬童って幽霊？この話って怖い話？
どこまで臆病なのよ
「故人」というのは「古い友人・昔なじみ」という意味だ
ははは…そうですよねぇ間違って、知ってることを聞いちゃったよ
ふうん
さて、それを踏まえたうえで、書き下し文にしてみようか
「若《なんじ》は吾《わ》が故人《こじん》に非《あら》ず乎《や》」かな
うーん、おしい！「乎」は助動詞だからな、書き下すときはひらがなで書かなくてはいけないんだ
「乎」は「や」じゃなくて「か」とも読むから、注意が必要だぞ

あれ？
ここはどこ？
みんなは誰？
はぁ？？？
キョロ
キョロ
俺、ヒロト。
漢文を勉強している、
このマンガの主人公
あぁ、キミがうわさの
ヒロト君か。僕は「乎」。
疑問・反語の意味を
持つ言葉だよ
でれ〜
てれ
てれ
うわさだなんて、
何だか照れるな
ほとんど悪口だから、
照れることないよ
ところで、僕は前に
ある言葉が何かによって、
読み方が変わるんだよ
ガーン
ほとんど悪口…
まず、僕が疑問の
意味を持つ場合、
僕の前が終止形
なら「や」と読み
ます
終止形＋や
僕の前が連体形や
体言の場合なら、
「か」と読むんだよ
連体形・体言＋か
ということは、
「非ず」は終止形だから
この場合は「や」だな

二通りの読み方が可能なのよね！
そう！
連体形の「非ざる」にして、「非ざるか」とも読めるんだ
ヒロト君わかった？わかったの？本当にわかったの？
わかってるよ。疑問だけあって、しつこく聞いてくるな
じゃあ次は、僕が反語の意味の場合だよ
ちょっと待って。反語ってのが、そもそも何なのかわからないんだけど
そんなこともわからないのかね、キミは
ヒュン
何か見た目も雰囲気も変わったわ
反語とは、本来自分の持つ考えとは異なることをあえて問いかけることで、その裏にある真意を強調する言い方だ
「…だろうか」と問いかけて「いや…ない」という気持ちを強調するんだ
ハァ
なっ
河童みてぇに、回りくどくて嫌みなやつだぜ
たとえば、ヒロト君に漢文が理解できるだろうか。いや、理解できるはずはない
唐突に失礼だな、この人！
内容は失礼だけど、反語がどういうものかはわかるわ
バチ
バチ

私が反語の場合は、必ず推量の助動詞「ん」が入って「…んや」と読むんだ
「ん」は活用語の未然形につくことも覚えておいてくれよ
これがあったら反語
可《ケン》レ謂《フ》レ孝《ト》乎。
（孝《こう》といふべけんや。）
「孝といえようか、いやいえない。」
「べけ」は可能の「べし」の古い時代の未然形なんだ
また、「乎」のほかにも疑問・反語を表現する漢字はたくさんあるんだ。おさらいしておいてくれよ
「也」「哉」「与」「邪」「耶」「歟」
お皿い？
疑問にしても反語にしても、「乎」の前がどうなっているかがポイントですね
ヒロト君にわかるかなぁ。いや、わかるはずがない
事実ですから…
さっきから失礼ではないだろうか？いや、失礼ではない。アレ？違うか？
？
？

不安だなぁ。
それじゃあヒロト、
今回の例文を
訳してみてくれ
若《なんぢハ》非《ズ》二吾《ガ》故人《ニや》一乎。
Oh, My God!
「非ずや」は疑問の
かたちだから、
「おまえは私の
昔なじみではないか」で
いいのかな？
うん、正解だ。
ちゃんとわかってるね
ワハハハ
俺の教え方が
よかったからだな
お前が何かしたのか？
ブヒブヒ言って
いただけだろうが
バチバチ
何を～!!
また
はじまったわ
ケンカするほど
仲がよいってね

何…（乎）
何…（乎）

読み

…なんぞ…（や）
…なんぞ…ん（や）

意味

どうして…か
どうして…だろうか（いや…ない）

のちに、秦に対抗する、燕《えん》、趙《ちょう》、魏《ぎ》、韓《かん》、斉《せい》、楚《そ》の六国《りっこく》同盟「合従策《がっしょうさく》」を実現させた、
戦国時代の縦横家《じゅうおうか》（＊）の蘇秦《そしん》も、若いころはうだつがあがらず、妻や兄弟にもバカにされていた。
このごくつぶし！
しゅん
ダメな弟を持つと苦労するぜ
＊縦横家…利害に応じて団結したり離れたりする外交策を諸侯に説いた遊説家。
ところが、蘇秦が六国の宰相《さいしょう》を兼任するという大出世をして帰ってくると、家族は平身低頭して、まともに目を合わせられないといったありさま。
そこで、蘇秦はこう言った。
蘇泰
どうして前にはあんなに威張っていたのに、後には丁重《ていちょう》にするのか

いるいる、こういうヤツら
かっこわるいわね！
原文はどうなっているのかしら？

何ゾ前《さき》ニハ倨《おご》リテ而後ニハ恭《うやうや》シキ也。
書き下し文は「何《なん》ぞ前《さき》には倨《おご》りて後《のち》には恭《うやうや》しきや」か
沙悟浄のネタ本
勝手に人の荷物探って、進めてんじゃねぇ！
沙悟浄さん、説明は？
お客さん、ここから先はタダってわけにはまいりませんよ。私らも慈善事業じゃないですから
払うもん払ってもらわないと困るんです！
これでどうかしら？
キュウリ？
ええ？
まぁよい。まず「倨りて」と「恭しき」の意味だが…
意外に安い〜
キュウリなんかでいいの？
「おごる」は思い上がってわがままな振る舞いをすることね
うん。だけどここでは「いばる」くらいの意味だな。
「うやうやしい」は「丁重で礼儀正しい」ことだ。

さて、今回の重要句法は「何…乎（也）」。この場合、疑問か反語か分かるかな？
「恭しきや」だからここは疑問の表現か。もし「…んや」だったら反語形だったよな
ん？ でも「恭しき」は連体形ですよね。「…乎」は、連体形と体言についたときは「か」と読むんでしたよね
ブヒッ？
うむ。さすがミチカちゃんだ。しかし、「何ぞ」のような疑問詞が上にあると、係り結びになって、文末が連体形になる
文末の助詞である「乎」は、終止した文（係り結びで結んでいる文）につくときは、「や」と読むんだ
疑問詞とセットになっているときは「や」と読むということですね
「何」「曷」「胡」「奚」「庸」「何遽」
そのとおり！「なんぞ」と読む漢字もいろいろあるから、覚えておくといいよ
「何為《なんす》れぞ」という言い方も「何ぞ」を多少強めたもので、同じと思ってよい
グッグッ
何為レゾ不レ去ラ也。
（何為《なんす》れぞ去《さ》らざるや）
「どうして立ち去らないのか」
「何為れぞ」は、書き下し文でも漢字のままでいいのか

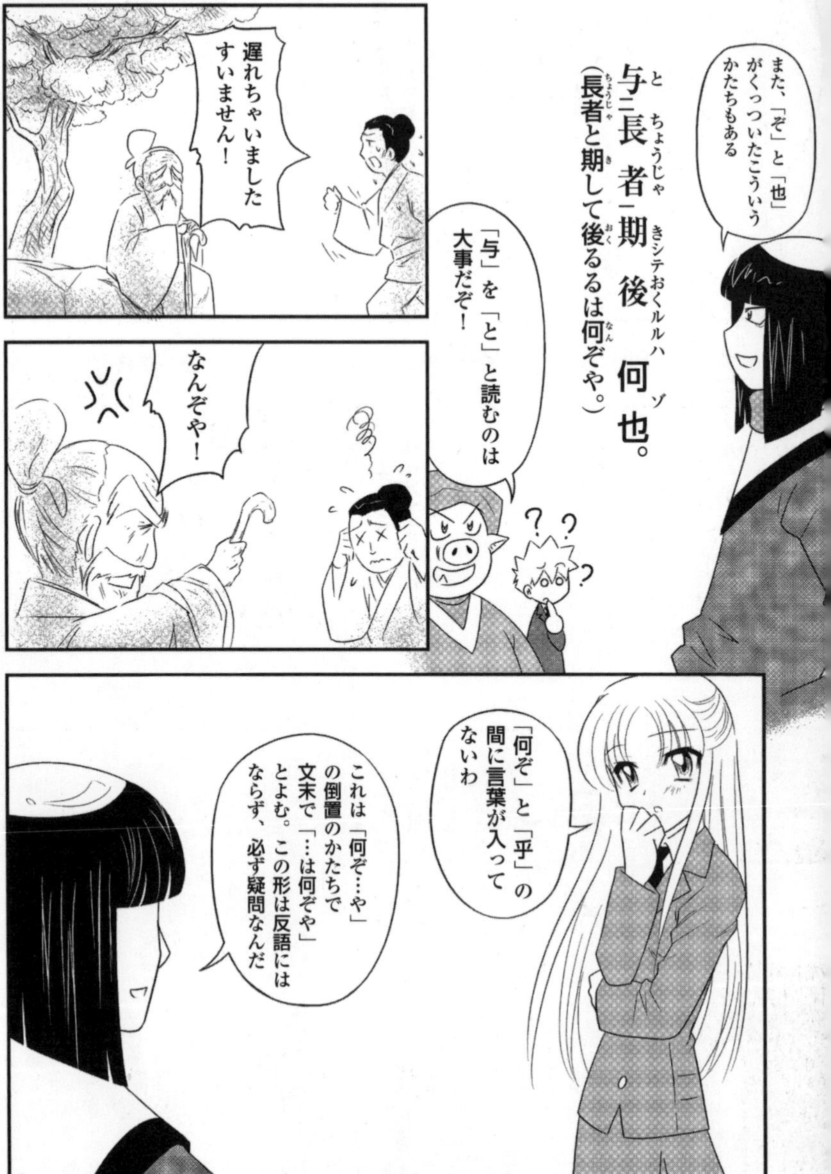

また、「ぞ」と「也」がくっついたこういうかたちもある
与《と》ニ長者《ちょうじゃ》一期《きシテ》後《おくルルハ》何《ゾ》也。
（長者《ちょうじゃ》と期《き》して後《おく》るるは何《なん》ぞや。）
「与」を「と」と読むのは大事だぞ！
遅れちゃいましたすいません！
なんぞや！
「何ぞ」と「乎」の間に言葉が入ってないわ
これは「何ぞ…や」の倒置のかたちで文末で「…は何ぞや」とよむ。この形は反語にはならず、必ず疑問なんだ

「期して」は約束することと、「長者」はお金持ちのことだよな
「お金持ちと約束しておいて、遅れるとはどういうことだ」って、お金持ちはずいぶん傲慢《ごうまん》だな
いやいや。「期して」は確かに約束するという意味だけど、「長者」はお金持ちのことじゃなく、年長者のことだ
「年長者と約束しておいて、遅れるとはどういうことだ」と訳すんですね
もういっちょ、反語の表現も見てみよう
我何ゾ愛《を》シマン二一牛ヲ一。
（我何《われなん》ぞ一牛《いちぎゅう》を愛《お》しまん）
「私はどうして一頭の牛を惜しんだりしようか。いや、一頭の牛など惜しんだりしない」
斉の宣王が、生《い》け贄《にえ》にされそうな牛をかわいそうだと思って助けたら、人民が「王様は牛一頭をケチったんじゃないか」と噂《うわさ》したんだ。オレ様は、惜しいけどな
まてぃ！
ヒソ
ヒソ
王様だから、牛一頭くらい安いもんだよね。「惜しんだりするだろうか、いやしない」という表現ね！
牛を憐れんでのことだからな。ちなみに、ここでは、文末に助詞の「乎」がないけれど、「何ぞ」のように疑問詞を用いる場合は、あってもなくても同じことだぞ

安…(乎)
安…(乎)

読み

いづくんぞ…(や)
いづくんぞ…ん(や)

意味

どうして…か
どうして…だろうか(いや…ない)

秦《しん》の始皇帝《しこうてい》が亡くなったその翌年(前二〇九)、秦打倒の反乱の口火になった陳勝《ちんしょう》・呉広《ごこう》の乱が起こる。
その首領であった陳勝が身分の低い労働者だったころ、仕事仲間の若者にこう言った
陳勝
俺が出世したら、お前を家来にしてやるぜ
お前が出世だって？笑わせるぜ
そこで陳勝は嘆いて言った。
ツバメやスズメにどうして白鳥の心がわかるだろうか
何で出世の話をしているのに、ツバメとかスズメとかが出てくるんだ？
八戒《はっかい》、ヒロトのレベルには、お前がぴったりだ。説明してやってくれ
燕雀安《いづクンゾ》知《ラン》二鴻鵠之《の》志《ヲ》一哉。
(燕雀《えんじゅく》安《いづ》くんぞ鴻鵠《こうこく》の志《こころざし》を知《し》らんや)
「鴻鵠《こうこく》」はくぐい、つまり白鳥のこと。もう一つは「燕雀《えんじゃく》」これは、小さい鳥であるツバメやスズメのことだ。で、何で鳥が出てくるんだ？
ここで陳勝の言う「鴻鵠」とは大人物のこと。「燕雀」とは小人物のことを表しているんだ
なるほど。たとえて言っているのか
それで、今回の重要句法はどれかしら？

やあ
どうもどうも説明は私におまかせを
どーもー
安
またヘンなキャラ。えっと、名前は「あん」さん？「やす」さん？
いえいえ。私のことは「あん」でも「やす」でもなく「いづくんぞ」と呼んでください
いづくんぞ…。言いにくいけど、逆に覚えやすい名前だな
私は文末の表現で意味が変わるんです。文末が「未然形＋ン」になる場合は反語です
「どうして……だろうか」と訳して「いや……ない」となるのよね
安《クンゾ》……未然形＋ン（乎《や》）
「反語」いづくんぞ……ん（や）
文末が「連体形」になる場合は、疑問の意味なのです
安
「どうして……か」と訳すのか
安《クンゾ》……連体形（乎《や》）
「疑問」いづくんぞ……（や）
私の他に「寧」「焉」「悪」「烏」も「いづくんぞ」と読みますからよろしく！文末の「乎」がセットにならないこともあるよ

「安」は「いづくにか」と読む用法もある
(疑問)安《クニカ》……「どこに…か」
(反語)安《クニカン》……「どこに…だろうか(いやどこにも…ない)」
よし、んじゃ陳勝の気持ちも踏まえて、口語訳をしてみろや
ビシッ
ん、これは反語だから、「燕《つばめ》や雀《すずめ》に、どうして白鳥の心がわかるだろうか、いや小人物には大人物の志はわからない。」ってことかな
そう!「いづくんぞ」は圧倒的に反語の用例が多い。まず反語の可能性を考えてみよう。「いずくにか」の場合は疑問の用例が多いんだ
陳勝の言葉で、何で俺が理解されないのか、わかったよ
豚や河童や小娘に、どうして俺の気持ちがわかるだろうか
ハッハー
白鳥>燕&雀
オレ様>その他
メラ
メラ
河童
小娘
豚

中国最古の詩集『詩経《しきょう》』にある言葉
「誰がカラスの雌雄《しゆう》を区別できるであろうか」
どっちがオス?メス?
カー
カーカー
べつにどっちでもいいんじゃない
食ってみればわかるぞ。甘いほうがメスだ
じゅるるる
実際、生殖器を調べたり、抱卵期になったりしないとわからないらしいぞ
沙悟浄さんは鳥にも詳しいのね
すごーい♡
まぁ、妖怪のたしなみですよ
けっ。胃の中に入ったら同じだわい!
ガーン
ゴロン
あーあーすねちゃった

疑問・反語④

誰…(乎)
誰…(乎)

読み

たれか…ん(や)
たれか…(や)

意味

だれが…だろうか(いやだれも…ない)
だれが…か

まぁ、食うだけの豚は無視して、原文から見ていこう
誰カ知ランヤ二烏《からす》之《の》雌雄《しゆう》ヲ一。
書き下し文は「誰《たれ》か烏《からす》の雌雄《しゆう》を知《し》らんや」ですね
うむ。この文章のポイントは「誰」。ヒロト、読み方がわかるかな？
簡単だよ。「だれ」に決まってるじゃん
はい、残念でした。間違いです。ちゃんと勉強しろよ
え、違うの？
甘いわねー
この「誰」は「だれ」ではなく、濁《にご》らずに「たれ」と読むんだ
焼肉のタレ！
ビッ
焼肉！
むにゃ
わっビックリした！
食べ物に反応したんだ

「知」の送り仮名が「らんや」になっているから、反語形ってことはわかるんだけど、文末に「乎」のような漢字がないですよね
乎
そう。いいところに気がついたね。まず、今までの疑問・反語と同じように
文末が活用語の未然形＋ンなら反語形、活用語の連体形なら疑問形だ
特に「誰」の場合「誰か」の「か」があるので、文末の「乎」がセットにならないケースが多いんだが文末に「乎」がなくても、送り仮名で「…んや」と読むことがあるんだ
また、「孰」という字は「いづれか」と読むんだが、「たれか」と読むこともあるから、覚えておいてくれ
誰＝孰
これも「たれか」！
こまかいことだが、「誰」は「たれか」だけでなく、いろいろな読み方の疑問詞になるんだ。一応示しておこう
誰《ヲカ》……（たれをか…）「誰を…か」
誰《ヲカ》……《ン》（たれをか…ん）「誰を…だろうか」
誰《ニカ》……（たれにか…）「誰に…か」
誰《ニカ》……《ン》（たれにか…ん）「誰に…だろうか」
誰《カ》……者《ゾ》（たれか…者ぞ）「誰が…か」
誰《ト》……（たれと…）「誰と…か」
……《ハ》誰《ゾ》（…はたぞ）「…は誰か」
いっぱいあるわね

「誰がカラスの雌雄を区別できようか。(いや、誰にも区別できない)」って訳すのはわかったよ
グーグー
「誰《たれ》か烏《からす》の雌雄《しゆう》を知《し》らんや」は、物事の是非や善悪の区別はつけにくいということわざにもなっているわね
おい！ 俺はまだ食べたいんだ！
グーグー
zzz
ガバッ
あちゃ～
わっ
グーグー
ムニャムニャ
沙悟浄さんと八戒さんの優劣は、明らかについてるね
ワハハハハ
人生自《リ》レ古《いにしへ》 誰《カ》無《カラン》レ死。
(人生《じんせい》古《いにしへ》より誰《たれ》か死無《しな》からん)
「人間は昔から、誰が死なない者があろうか」
ブタは無視して、例文をもう一つ。「誰が死なない者があろうか、いや、人間だれもが必ず死んでしまう」という反語の表現だ。内容をよく噛み砕けば、わかるぞ
文脈をキチンと理解しよう！

何…
何…(乎)

読み

なにをか…
なにをか…ん(や)

意味

何を…か
何を…だろうか（いや何も…ない）

孔子の弟子・司馬牛《しばぎゅう》は、無法者の兄が、孔子を殺そうとしたこともあろうにことで、いつも仲間内で肩身の狭い思いをしていた。
ある日、司馬牛は孔子にたずねた。
先生、君子とはどのような人間なのでしょうか?
君子とは心配したり、恐れたりしないものだ
それだけで君子と言えましょうか
自分自身にやましいことがなければ、いったい何を心配したり、恐れたりすることがあろうか
大切なのはおまえ自身の正しさではないか
司馬牛
孔子
この話を見ると胸が痛くなるな
あら、どうしてですか?
私も猪八戒《ちょはっかい》も、昔の悪事を反省して三蔵師匠《さんぞうししょう》に弟子入りしたからな
そして、心配事や恐れは尽きないよ
君子は遠い存在だのぅ

へぇ、そんな殊勝《しゅうしょう》な心がけができるなんて、意外だわ
妖怪って怖いイメージがあるからな
ヘヒヒ
バチ
イメージ？怖いのはイメージだけだと思ってんのか？
バチ
ヘヘヘ
もう八戒さんが怖くないのはわかってんだ。豚《とん》カツにするぞ！
さて、バカは放っておいて、原文から見てみよう
そうしてください
其レ何ヲカ憂ヘ何ヲカ懼《おそ》レン。
書き下し文は「其《そ》れ何《なに》をか憂《うれ》へ何《なに》をか懼《おそ》れん」ですね
この文章では「何をか」がポイントだ
ヒロト、今回の用法は疑問か反語かわかるかな？
今までのパターンだと「何憂」には「ン」がついてないから疑問、「何懼」は「ン」がついて
何ヲカ憂ヘ ⇒ 疑問？
何ヲカ懼レン ⇒ 反語
「ン」があるかないかは、たしかに疑問か反語かを考えるポイントではあるんだが…

「何憂」も反語の意味なんですか？
まとめる
何をか憂へん
何をか懼れん
実は「何をか憂へ何をか懼れん」は、「何をか憂へん、何をか懼れん」をまとめた形なんだ。だから、両方反語の意味なんだよ
また、「誰」と同じように「何」も、「なんぞ」「なにをか」以外にも、いろいろな読み方の疑問詞になるんだ
ハハハ
しっかり覚えろよ
お前もしっかり教えろよ
何ノ……アリテカ……（なんの…ありてか）「なんの…があって…か」
何ノ意アリテカ棲ム二碧山一ニ。
(何《なん》の意《い》ありてか碧山《へきざん》に棲《す》む)
「どんな気持ちがあって緑深いこの山中に住んでいるのか」
碧山
どうして？
俗世を離れて暮らしています…
？？
何《いづ》レノ……（いづれの…）「どこの…・いつの…」
何レノ日カ是レ帰年ナラン。
(何《いづ》れの日《ひ》か是《こ》れ帰年《きねん》ならん)
「いつの日になったら故郷に帰るときがくるのだろうか」
故郷
ふるさとに帰りたいな…

何《いづクニカ》……
（いづくにか…）「どこに…か。」
牛何《クニカ》之《ゆク》。
（牛《うし》何《いづ》くにか之《ゆ》く）
「牛はどこへ行くのか」
それではヒロト、さっきの例文を口語訳してみよう
これは反語だから「いったい何を心配したり恐れたりすることがあろうか（いや、何も心配することはない）」か
俺は心にやましいことがないから、心配も不安もないよ
それはあなたが無責任で、反省をしないからでしょ
も〜〜
豚ですら反省できるのにな
ガーーッ
豚とは何だ！豚とは！
豚と僕を比べるとはどういうこと？
ギャ〜
バタ
ドタ
ガッ
君子とはまったく無縁の三人ね
ハァーー

疑問・反語⑥

何以…（乎）
何以…（乎）

読み

なにをもって（か）…（や）
なにをもって（か）…ん（や）

意味

どうして…か
どうして…だろうか（いや…ない）

漢建国の功臣・韓信《かんしん》は、謀反《むほん》の疑いで囚《とら》われの身となったことがある。高祖《こうそ》は、何人かの将軍の能力について質問したあとで、こう尋ねました。
私はどれくらいの兵力の将となれるだろうか
陛下なら、十万でございましょう
では、おまえならどうだ
多々益々弁《たたますますべん》ず。多ければ多いほどうまくやれます
高祖はムッとして言いました。
多ければ多いほどうまくやれる者が、どうして私の捕虜になったのか
高祖
そこで韓信は、冷静なまなざしで高祖を見つめて言いました。
陛下は「兵に将たる器」ではございません。「将《しょう》に将《しょう》たる器《うつわ》」なのでございます
これは天性のものであります
韓信

つまり、下っ端の兵隊をまとめるより、将軍たちをたばねる存在だってことね
「多ければ多いほどよい」という意味の「多々益々弁ず」や、兵を束ねる将の上に立つ、リーダーとしての才能を表した
「将に将たる器」とかは、有名な言葉だよね
高祖
将軍
将軍
将軍
将軍
兵

将に将たる器…
まさに俺のことだ
えっへん
…
え―
お前ら信じてないな！
孫悟空、沙悟浄、猪八戒
の三人で、リーダーは、
俺・な・ん・だ・ぜ！
うそ！
本当ですか？
沙悟浄さん
うん、本当だよ。
このどっしりとした風貌、
落ち着きのある行動。
なにより器の大きさ。
まさに天賦《てんぷ》の才だね
し、
信じられない
ガーン
漢文もよくわかって
なさそうなのに
将の将たる俺に知識が
ある必要はない。
教えてやれ、沙悟浄
はっ。
かしこまりました
さて兵卒《へいそつ》ども。
原文はこれだ
兵卒に
されてるよ…
たら…
何ヲ以テカ為《な》レル二我ガ禽《とりこ》ト一。
書き下し文は
「何《なに》を以《もっ》てか吾《わ》が
禽《とりこ》と為《な》れる」
ですね

そう。ポイントは「何以」。これも疑問・反語の用法だ
「為れ」（已然形）＋「る」（連体形）
「為れる」は、四段活用の已然形に完了の「り」の連体形がついたもの。ということは…
この場合の「何以」は疑問形ということか
「ン」付き＝反語
そうだね。「何を以て（か）…ん」なら反語形になる
じゃあ、「人を殺す」ってテーマで、反語と疑問の例文を見てみるぞ
え？殺す…？
サー…
反語
何ヲ以テカ殺サンレ人ヲ。
（何《なに》を以《もっ》てか人《ひと》を殺《ころ》さん）
「どうして人を殺すのだろうか。いや殺さない」
文章は同じなのに、反語と疑問じゃ、意味が全然違うわね
テカ テカ
文末に「乎」がない場合、「以」の送り仮名が「テカ」になっていることが多いんだ。文末に「乎」があると、「何を以て…や」と読むぞ
疑問
何ヲ以テカ殺スレ人ヲ。
（何《なに》を以《もっ》てか人《ひと》を殺《ころ》す）
「どうして人を殺したのか」

もう一つ、「何を以て」と同じような形を二つ紹介しよう
何ニ由リテ(カ)……(何に由《よ》りてか…)
何ノ故ニ……(何の故《ゆえ》に…)
「どうして…のか」
これらも「ン」と呼応すれば反語形なんですね
〜えっへん
ん？終わったのか？ごくろうごくろう
はい。八戒様ほどうまく教えられたかはわかりませんが…
それは無理ってもんだろ！まぁよくがんばったな
ははは
ヒソヒソ
「豚もおだてりゃ木に登る」って言って、面倒くさくなったとき、便利なんだよ
クスクス
やっぱりそんな理由なのね
よし、今日は気分がいいな。みんなに飯でもおごってやろう！
〜えっへん
ヤッター
ハハハー
ハハハー
たまに、だましてるみたいで悪いなと思うんだがね
いいんじゃないの？みんなが幸せなんだから

疑問・反語⑦

如・・・何

読み

…をいかんせん

意味

…をどうしたらよいか(いやどうしようもない)

ああ〜〜
わがこきょう〜〜♪
楚よ〜♪

劉邦《りゅうほう》との戦いで形勢が不利になり、項羽《こうう》は垓下《がいか》の城にたてこもった。ある夜、自軍を取り囲む漢軍のあちこちから、自分の故郷である楚《そ》の国の歌が聞こえてくるのを耳にして、楚の地ももはや敵の手に落ちたか、と最期の時が近いことを悟る。そこで項羽は、側近の部下と酒宴を開き、詩を歌った。

力《ちから》は山《やま》を抜《ぬ》き、気《き》は世《よ》を蓋《おお》ふ。
時利《じり》あらず、騅《すい》逝《ゆ》かず。
騅《すい》の逝《ゆ》かざる、奈何《いかん》すべき。
虞や虞や若《なんぢ》を奈何《いかん》せん。

これは柄《がら》にもないことを
いや、ヒナゲシは生肉と一緒に食うとうまいんだぜ

ガーッ
あ・ん・た・た・ち!
ヒエ〜〜ッ
ふむ、ヒナゲシか。別名を虞美人草と言ってね、今回の話に登場する虞姫(虞美人)に縁《えん》のある花なのさ

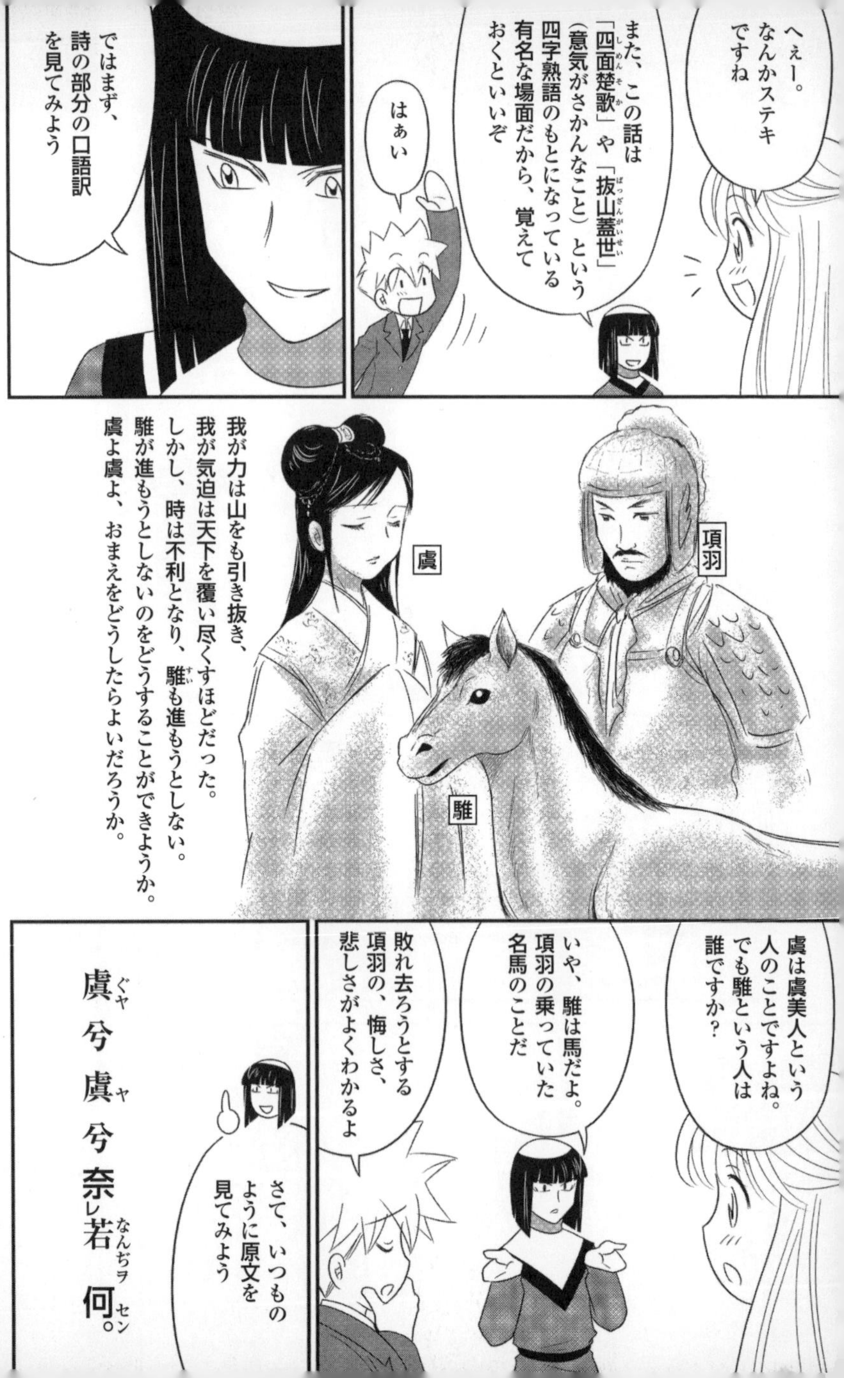
へぇー。なんかステキですね
また、この話は「四面楚歌《しめんそか》」や「抜山蓋世《ばつざんがいせい》」（意気がさかんなこと）という四字熟語のもとになっている有名な場面だから、覚えておくといいぞ
はぁい
ではまず、詩の部分の口語訳を見てみよう
項羽
虞
騅
我が力は山をも引き抜き、我が気迫は天下を覆い尽くすほどだった。しかし、時は不利となり、騅《すい》も進もうとしない。騅が進もうとしないのをどうすることができようか。虞よ虞よ、おまえをどうしたらよいだろうか。
虞は虞美人という人のことですよね。でも騅という人は誰ですか？
いや、騅は馬だよ。項羽の乗っていた名馬のことだ
敗れ去ろうとする項羽の、悔しさ、悲しさがよくわかるよ
さて、いつものように原文を見てみよう
虞《ぐ》ヤ兮虞ヤ兮奈レ若《なんぢ》ヲ何セン。

「兮」は前に出てきたぞ。詩で調子を整える置き字だ。読まない字だね
さて、今回のポイント「如何せん」は「…をどうしたらよいか」と、方法・手段を問う疑問詞だ
「…を如何《いかん》せん」と読むんですね
これの大事なところは、「～を如何せん」と目的語がある場合、「如」と「何」の間にはさむってことだ
「如ニ目的語ヲ何セン」となるんだね
そして、「如何せん」は同じ読み方で、疑問にも反語にもなる。もちろん、この例文のように「奈何せん」でも同じだ
今回の文章は疑問か反語かどっちだと思う?
疑問
反語
もう自分がピンチで、敗れ去ろうとしているんですよね。それなら「愛する女性を守ってあげたいが、それができない。どうしようもない」という意味で、反語だと思います
その通り。恋愛にも詳しいんだな
エへへ
って言っても、マンガ・ドラマ・小説・映画だけ、しょせんフィクションなんだよ
ブヒヒヒヒ…

「如何」には「…をいかんせん」と用いる形以外にも、文頭で「如何《いかん》ぞ…」と用いる形があるんだ。これは「何ぞ…」と同じように疑問なら「どうして…か」反語なら「どうして…か（いや…ない）」と訳すんだ
如何《いかんゾ》…
「如何ぞ」=「何ぞ」ですね
さて、虞はこの後、項羽のいない世界では生きてはいけないと自害をする
うわぁ、そんなに項羽のことが好きだったんだ
うん。そして、後にその場所に咲いたのがヒナゲシだったので、この花を虞美人草と呼ぶようになった、といわれているんだ
ロマンチックな話ですねぇ。私がもし死んだとしたら、そこには「ミチカ美人草」が咲くのかしら
美人…？
美人…？
美人…？
ピキッ
はぁ？
怒!!
「不《ふ》美《び》人《じん》草《そう》」でしょう！
あなたたちねぇ！

何如

読み

いかん

意味

どうであるか

儒教の世界で孔子と並ぶ重要人物である孟子《もうし》と、梁《りょう》の恵王《けいおう》との話である。
私は民を大切にしているつもりでいる。隣国の王を見ると、私ほどは人民を大切にしているようには見えない
しかし、なぜ我が国は隣国より栄えないのだろうか
恵王
孟子
王様が好きな戦争の話でたとえましょう。戦闘のまっ最中に、怖くなって逃げ出した兵士がいたとします
100歩
50歩
ある兵士は五十歩逃げてとどまり，また別の兵士は百歩逃げてとどまりました
五十歩の者が百歩の者を臆病ものだと笑ったとしたらどうでしょうか
50歩の差
それはいかんな。どちらも逃げたことには変わりはないではないか
それがおわかりなら、先ほどの質問の答えもおわかりでしょう

このエピソードから生まれたのが「五十歩百歩《ごじゅっぽひゃっぽ》」という言葉だね
その「五十歩百歩」って何？
「五十歩百歩」とは、言い換えれば「どっちもどっち」とか「目くそ鼻くそを笑う」という意味になるかな
50歩≒100歩
孟子の言ったことがわからないな。国の繁栄と逃げた兵士と、どういう関係があるのさ
ほらヒロト。いつものたとえ話よ
うん。五十歩も百歩も逃げたという意味では変わらない。
梁の恵王も自分ではいい政治をしているつもりだけども、隣国の王の政治と大して変わらないということだ
孟子って、キビシーなぁ
ハァ～
隣国≒自国
以テ二五十歩ヲ一笑ハバ二百歩ヲ一則チ何如《いかん》。
（五十歩《ごじゅっぽ》を以《もっ》て百歩《ひゃっぽ》を笑《わら》はば則《すなわ》ち何如《いかん》。）
さて、原文を見てみよう
意味は「五十歩の者が百歩の者を笑ったとしたらどうでしょうか」ですね
うん。今回のポイントは「何如」の部分だね

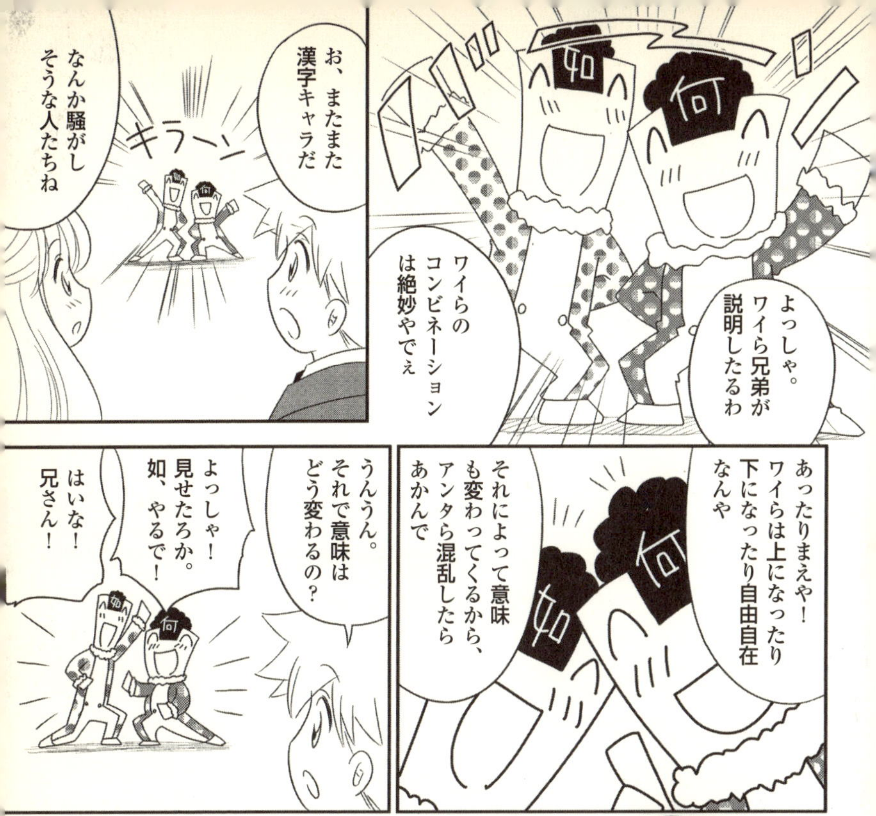
よっしゃ。ワイら兄弟が説明したるわ
ワイらのコンビネーションは絶妙やでぇ
お、またまた漢字キャラだ
キラーン
なんか騒がしそうな人たちね
あったりまえや！ワイらは上になったり下になったり自由自在なんや
それによって意味も変わってくるから、アンタら混乱したらあかんで
うんうん。それで意味はどう変わるの？
よっしゃ！見せたろか。如、やるで！
はいな！兄さん！

ワイが上になったら「いかん」と読んで、「どうであるか」と訳すんやで
そのときは、反語形にはならずに、疑問のみの用法や
ハハハハッ

……何如《ハいかん》
…状況・状態・事の是非を問う疑問詞
「どうであるか」

ワイが上になったら前に習った「いかんせん」や
「どうしたらよいか」と訳すんやで。覚えてるか？
如何《いかんせん》
…方法・手段を問う疑問詞「どうしたらよいか」
「何如」は間違えやすそうだなぁ
しっかりと違いを覚えなくちゃダメね
あ、どっちの場合でも書き下し文では漢字のままでいいよ。いらんこととせんといてな
あと「何如」は「何若」「奚若」でも同じやで。覚えといてな
まかせといてやー。テストで1問しか間違えなかったミチカも、テストで1問しか解けなかった俺も、結局、五十歩百歩ってこっちゃ
つっこみ!!
んなわけ、あるかい！
何でやねん!!

疑問のみの形②

孰…

読み

いづれか…

意味

どちらが…か

「貞観《じょうがん》の治《ち》」と呼ばれる、優《すぐ》れた政治を行った唐《とう》の第二代皇帝・太宗《たいそう》と侍臣との会話である
建国の事業（創業）と国家の維持（守成）では、どちらが難しいか
オ〜〜…
房玄齢
天下が乱れているときは、各地に英雄が現れ、勝ったほうが負けたほうを臣下とします。だから創業《そうぎょう》のほうが難しいといえます
昔から帝王は困難の末に天下を手に入れながら、安楽のときにこれを失わない者はありません だから守成《しゅせい》のほうが難しいといえます
魏徴
房玄齢《ぼうげんれい》は私と一緒に天下を取り、何回も危険な目に遭《あ》いながら生き残った。だから創業の難しさを知っている
一方、魏徴《ぎちょう》は私と一緒に天下を治め、心のおごりやぜいたくは、富貴の中から生じ、災いや世の乱れは物事をおろそかにすることから生まれることを恐れている。だから守成の難しさを知っている
太宗皇帝
しかし、創業の困難はすでに過去のもの。これからは守成の難しさを諸君と一緒に戒《いまし》めていこう
は、はい！

両方の部下を思いやりつつ、今後の心構えを語る…。いい話ですね
昔、私と猪八戒が大ゲンカをしたことがあってね
今もしてるじゃないか
ボソ
ククク
過去形じゃなくて現在形でしょ
私は主に知的な仕事が得意。八戒は力仕事が得意
どっちが三蔵師匠の役に立つかというのがケンカの原因だった
どっちも役に立つでしょうに
あるいはどっちも役に立たないかも…
ヘッドロック
ぐえ～
いやぁ、どっちが上かというので意地になってね。そのときに師匠が話してくれたのが、この話なんだ
あのときは、感動したもんだなぁ
それ以来、二人で力をあわせて、いろんなことをするようになったのさ
ひしっ!!
うるうる
でも、人気があるのは、孫悟空なんだよなぁ
ボソ
キキ
しゅん!!

さて、原文を見てみるとしよう
創業与《と》ト二守成一孰《いづ》レカ難《かた》キ。
へへへ
書き下し文は「創業《そうぎょう》と守成《しゅせい》と孰《いづ》れか難《かた》き」ですね
創業は建国の事業のこと。守成は国家を維持することだよ そして重要句法は「孰《いづ》れか」。「どちらが…か」という疑問形なんだ
送り仮名が「レカ」でなく、「カ」の場合は要注意
孰《たれ》か…「だれが…か」（たれか…）
あれ？これどこかで見たことあるぞ？
どこかって、どこだよ？
え？思いだせない…
あわわ
おいおい、前に教えたろう？
ヒイー！
ポカ
ガーッ
あ、わかった。133ページね！

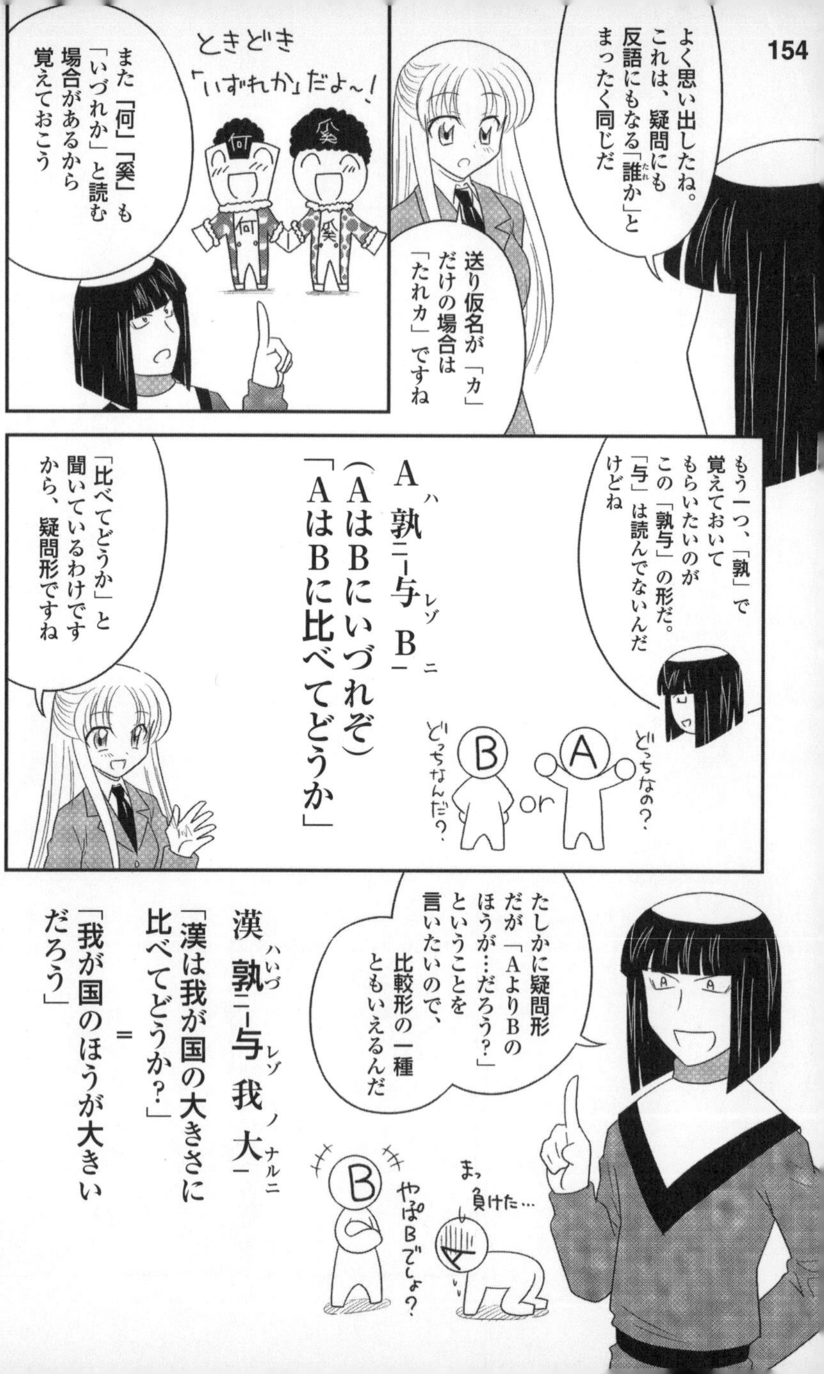
よく思い出したね。これは、疑問にも反語にもなる「誰《たれ》か」とまったく同じだ
送り仮名が「カ」だけの場合は「たれカ」ですね
ときどき「いずれか」だよ～！
何
奚
また「何」「奚」も「いづれか」と読む場合があるから覚えておこう
もう一つ、「孰」で覚えておいてもらいたいのがこの「孰与」の形だ。「与」は読んでないんだけどね
Aハ孰ニ与レゾBニ
（AはBにいづれぞ）
「AはBに比べてどうか」
どっちなの？
A
or
B
どっちなんだ？
「比べてどうか」と聞いているわけですから、疑問形ですね
たしかに疑問形だが「AよりBのほうが…だろう？」ということを言いたいので、比較形の一種ともいえるんだ
漢ハ孰《いづ》ニ与レゾ我ノ大ナルニ
「漢は我が国の大きさに比べてどうか？」
＝
「我が国のほうが大きいだろう」
B
やっぱBでしょ？
A
まっ負けた…

反語のみの形①

豈…（哉）

読み

あに…ん（や）

意味

どうして…だろうか（いや…ない）

秦《しん》の始皇帝《しこうてい》の死後、打倒秦を旗印《はたじるし》として、楚《そ》の懐王《かいおう》の元へ諸侯が集結してきた。
そこに項羽《こうう》も劉邦《りゅうほう》もいたのであるが、ここで懐王はこう言った。
懐王
最初に秦の本拠地である関中《かんちゅう》の地に入った者を、その地の王（関中王《かんちゅう》）にしよう
項羽のほうが大軍勢を率いていたため、誰もが項羽が関中の王になると信じていた。
しかし、結果は劉邦が項羽よりも早く到着してしまう。そして劉邦は、項羽の軍を函谷関《かんこくかん》で足止めさせた。
項羽
項羽は、劉邦が自分を出し抜いて王となる気だと思い、激怒して攻め殺そうとした。そこで劉邦は鴻門《こうもん》の地に赴いて、項羽にこう弁明した。
日夜、将軍がおいでくださるのをお待ちしておりました。どうして謀反《むほん》を起こしたりしましょうか
劉邦

これは『史記《しき》』の中でも有名な話の一つ「鴻門《こうもん》の会《かい》」の場面だ
なんだか情けないなぁ、劉邦って。私は断然、項羽ファンだわ
それでも、結局は劉邦のほうが項羽より先に関中に入れたんだ。僕は劉邦派だな
項羽はその猛将ぶりや、虞美人《ぐびじん》とのロマンスもあって、憧れる人は結構多いぞ
そうよ、そうよ
劉邦も、ヤクザな生活から成り上がって項羽を倒し、漢王朝をつくった人物として、とても人気が高いんだ
でしょ、でしょ
うんうん
確かに、このときの劉邦は、情けなく見えるかもしれない しかし、このときの劉邦の力はまだ、項羽には及ぶべくもなかったんだ
殺されたら、自分の野望を叶えることはできなくなるからな
恥《はじ》を忍《しの》んで頭を下げるのも、勇気がいることですものね。どっちか迷っちゃうわ
う〜ん
俺がこの時代に生きていれば、全員倒して王様になっていたんだがなぁ
どうして八戒さんについていく部下や兵士がいるだろうか？
いや、いないだろう
反語

それでは原文を見てみよう
豈《あニ》敢《あヘテ》反《そむカン》乎《や》。
「どうして背《そむ》いたりしましょうか。いや背いたりはしません」
グル
グル
ひぃ〜〜
書き下し文は「豈《あ》に敢《あ》へて反《そむ》かんや」ですね
今回のポイントは「豈…(哉)」。「どうして…だろうか(いや…ない)」という反語表現だよ
反語と疑問の両方の用法がある形がたくさんあったけど、これには疑問の意味はないのですか？
うん。一〇〇%とは言えないけど、「豈」はほぼ反語形だと思って大丈夫だ
さすがに反語形には慣れてきたから、表現さえ覚えれば簡単だな
ずっしり
ほほう。どうやら余裕がありそうだから、これも覚えておいてもらおうか
ヒロトが余計なこと言うから、飯《メシ》の時間が遅くなったじゃねぇか
ゴラァ〜
うぅぅ。なんと悲しいことだ

豈不《ずニ》レ悲《シカラ》哉。
（豈に悲しからずや。）
「なんと悲しいことではないか。」
わっ。俺のセリフが例文に！
「なんと…ではないか」という訳し方は疑問でも反語でもなさそうですね
もともとは反語形なのだがこれは「豈不…哉」で詠嘆形《えいたんけい》の句法なんだ
反語だと「豈に…ざらんや」と読むところなのだが、詠嘆形の場合は「豈に…ずや」と読むんだ
今回はこれぐらいにするが、詠嘆形はあとで勉強することになるはずだよ
はーい
弟
兄
かなしい…
それ関係ないよね？
それでミチカちゃん。今は、劉邦と項羽のどっちが好きかな？
うーん…
うーん。結局劉邦かな
ん、どうして？さっきは情けないって言ってたじゃん
勝ち組が好き♡
キャ
最後に勝ったのは劉邦なんでしょ？性格なんてどうでもいいわ。勝った人が好きよ
ミチカが中国に生まれていたら、最強の女帝になったかも…
ハァ〜…

戦国時代、将軍廉頗《れんぱ》より地位が上がった趙《ちょう》の藺相如《りんしょうじょ》は、彼が自分を恨んでいると聞き、廉頗と同席したり、外出先ですれ違ったりすることを避けるようにした。
コソコソ
廉頗
それで面白くないのは藺相如の部下たち。
どうして逃げるのですか？将軍が怖いのですか！
藺相如
私はあの強国・秦《しん》さえ恐れたりはしなかった。
独リ畏《おそ》レン二廉将軍ヲ哉。
あれ？この人たちどっかで見たぞ？
部分否定「不倶…」で学習した「刎頸《ふんけい》の交わり」の場面だね
ポン
あぁ！そうそう。廉頗がとても反省するのよね

反語のみの形②

独…(哉)

読み

ひとり…ん(や)

意味

どうして…だろうか(いや…ない)

うーん。なんだか簡単すぎるな。書き下し文にできれば、だいたい日本語と同じだよね？
ハァ〜
これまたすごい勘違いだな
…っていうか、ヒロト、日本語からヘンだし！
じゃあ、天才・ヒロトに問題だ。今回のポイントは原文のままにしてあるから、書き下し文と口語訳をやってみてくれ
独リ畏《おそ》レン二廉将軍ヲ一哉。
簡単さ！まず書き下し文は「独《ひと》り廉将軍《れんしょうぐん》を畏《おそ》れんや。」だろ
正解よ。でも訳せるかしら？
ヒロトなら、期待通り口語訳で間違えてくれるよ
ヒソヒソ
ヒソヒソ
ニヤニヤ
口語訳は…。独りだけで廉将軍を恐れる…、いや「ンヤ」が反語っぽいから
「独りだけなら廉将軍を恐れるが、たくさんの部下がいれば恐れるはずがない」だな

もっとたくさんの家来を連れていれば、逃げないのだが。ということだろう
まぁ、そんなもんだろうな
フムフム…
どんなもんだい！
「そんなもん」っていうのは、ヒロトの実力のことだ。これはまた、豪快に間違えたもんだね
えー？正解じゃないの？
この、「独…(哉)」は「どうして…だろうか(いや…ない)」という反語の句法だ
「何ぞ・安《いづ》くんぞ・豈《あ》に」などと同じなんですよね
そうなんだ。この表現も「豈に」と同じように、疑問形はなし。反語形だと思ってもらいたい
ただ、ヒロトが訳したように「一人〜だけ」という限定の「独り」もある
えっ？じゃあ別に間違いではないじゃん

しかし、限定の場合は「のみ」と呼応するのが普通なんだ
今独リ臣ノミ有リレ船。
（今独《いまひと》り臣《しん》のみ船《ふね》有《あ》り。）
「今私だけが船を持っています。」
混同しないように気をつけるんだぞ
「のみ」が見分け方のポイントになるわけですね
「のみ」ではなく「ん」と呼応している場合は反語形なのか
それではヒロト君。今覚えたことを踏まえて、慎重に訳してみてくれ
「どうして廉将軍を恐れたりしようか。（いや恐れたりしない）」だね
その通り。この「独」のように、一見すると疑問詞には見えないものもあるからしっかりと句法を覚えていこう
そのうちスラスラ読めるようになるってもんさ！
にっこり
独リ畏二漢文ヲ一哉。ね！

ガーッ
あるとき、腹をすかせた虎《とら》が狐《きつね》を捕まえた。しかし、頭のいい狐は虎に向かってこう言った。
僕を食べちゃいけないよ。天の神様は僕を百獣《ひゃくじゅう》の王にさせようとしているんだ
僕を食べたら神様に逆《さか》らうことになるよ
うそだと思うなら、私のあとについてきてごらんよ
あらゆる獣《けもの》が私を見て、どうして逃げ出さないだろうか
虎が狐のあとをついていくと、動物たちは確かにみんな逃げ出していった
それは狐を見てではなく、後ろにいる虎を見て逃げ出しているのに、虎は気づかなかったのだ
あら、カワイイ妖怪《ようかい》さんたちね
なんだか俺を親分だと思って、ついてくるんだよ
トテトテ トテトテ
あら、沙悟浄さんだって、三蔵法師《さんぞうほうし》の弟子なんでしょ？
小さいとは言え妖怪なんだから、人間の手下になることは考えられないんだが

反語のみの形③

敢…(乎)

読み

あへて…ん(や)

意味

どうして…だろうか(いや…ない)

三蔵師匠ほどであれば別だが、あのヒロトだぞ
そうよねぇ。あのヒロトだもんねぇ
ねぇ。どうしてヒロトについていくの？
ヒョイ
だって、孫悟空《そんごくう》さんの親分《おやぶん》だっていうから。よほど強いんだと思って
なんだ。まさに「虎の威《い》を借る狐《きつね》」。今回の話にぴったりだな
「虎の威を借る狐」は「後《うし》ろだてになっている権勢をかさに着て威張る人物」のことね
俺には、機転を利かせて難を逃れた、頭のいいやつの話に聞こえたけどな
狐というより、馬か鹿だな。そんなことより、原文を見てみよう
百獣之《の》見《テ》レ我《ヲ》而敢《あへテ》不《ラン》レ走《ラ》乎《や》。
書き下し文は「百獣《ひゃくじゅう》の我《われ》を見《み》て敢《あ》へて走《はし》らざらんや。」か
うん、この「敢…(乎)」も「どうして…だろうか(いや…ない)」という反語の表現だ

これも「何ぞ」や「安くんぞ」や「豈に」と同じ使い方でいいの？
そうだ。ただ、形としては今回の文章のように「敢へて…ざらんや」と、中身が否定形になるケースが多い
また「肯」も「あへて」と読んで同じように用いるから、覚えておくように
否定形にも似たような表現があったね
ワイ
ワイ
ほう、ヒロトのわりには冴《さ》えてるな
「敢不…」は「不敢…」と（あへて…せず）混同しやすいから、注意が必要だ
敢《ヘテ》不《ラン》二……一《セ》（乎）
反語形（あへて…せざらんや）
「どうして…しないだろうか、いやきっと…する」
不二敢《ヘテ》……一《セ》
強調された否定形（あへて…せず）
「決して…しない」「強いて…しない」
間違いやすいから気をつけないと、ですね
でも結局、狐は賢かったんだよね？俺も賢く「虎の威を借りて」生きていくぜ！
おうヒロト！
これから悪い妖怪退治に行くんだが、チビどもがお前も連れて行けっていうんでな
一緒に行くぞ！
お、俺妖怪退治なんかできないよ。ミチカ助けてー
フフ、自業自得《じごうじとく》よ

おぅ!
まじめにやってたか、悟浄、八戒!
悟空!お師匠様!
にこにこ
オーーッ
みなさん、疑問と反語についてはわかりましたか?
はい!とてもよくわかりました
疑問と反語をうまく訳し分けるのが難しかったな
そうですね。疑問と反語を見分けるには「乎《や》」の前や文末に「ン」があるか、連体形なのかを見定めることが大切ですね
「ン」が文末にあるのが反語形だったわ
文末が連体形になのが疑問形ですね
そこさえしっかりつかんでおけば問題ねぇよ
沙悟浄・猪八戒、よく頑張りましたね。また四人で旅を続けましょう
オーーッ
やったぜ!!
よかったわね。認めてもらえて
お前たちも頑張れよ!
はぁい
ハイハイっと
ヒロトは、ウチに帰ってちゃんと復習をするだろうか?
テヘ☆
いや、するはずがない
しろって!
つっこみっ!!

第6章　傾国の美女にメロメロ？　～使役・受身

このあたりにいる女性に話を聞けってことだけど…
キョロキョロ
あ、あそこに人がいるわ！ずいぶんとキレイな服を着た人ね
ちょっとそこの坊や。喉が渇いたぞよ
はい！飲み物探してきますっ！
ウヒュ～。すごい美人だ！
うおー
も～っ
何よ！まったく情けない！
はぁはぁ、これをどうぞ
も～っ
礼を言うぞ。二人とも、これが使役よ
世界三大美女の一人、楊貴妃《ようきひ》だ
でも、何よ急に使役って…はっ！
にっこり
わかったようね。これから漢文の使役形を教えてあげるわ
「～させる」という表現ですね。ぼ…僕、あなたのためなら、なんでもやっちゃいます！

何でも？
もちろん、何でもです！
ワ
どんな命令でも受け止められる？
柔道一直線
ワタクシ！受身も得意です！
じゃあ、最初のお願い。漢文をちゃんと学んでもらうわね
うふふ
押忍《おす》！
え？漢文？
使役と受身の句法を教えてあげるわ
トホホ…。やっぱり漢文か
ハア…
いつもながら、強引な展開だわ

劉邦《りゅうほう》の部下、韓信《かんしん》が井陘口《せいけいこう》での戦いでとった作戦。
よーし。ここで陣を布《し》け!
韓信
まず一万の兵に川を背にして陣を布かせた
韓信ってどこかで聞いたな
ほら、漢建国の功臣よ。疑問・反語の「何以」で勉強したじゃない
あー
ああ「多《た》々《た》益《ます》々《ます》弁《べん》ず」の人か
そう、「国《こく》士《し》無《む》双《そう》」と評される方じゃ
ミチカさんも、そんな男が寄ってくるようにならないとな
はい、そうなります!
意外に話せる人だわ
あ、この作戦ってそんなにすごい作戦なの?
確かにそうよねぇ。川が後ろだと逃げられないもの
そうじゃ。当時の常識からは考えられない作戦だったのじゃ

使役形①

A使BC

読み

A、BをしてC(せ)しむ

意味

AはBにCさせる

当時の兵法では山を右あるいは後ろに、川を左あるいは前にして陣を布くのが常識だった
むむむ
ふふふ
サラサラ
韓信は、兵士を退却できない状況に追い込むことで、死にもの狂いに戦わせ、見事に圧倒的勝利をものにした
フー
フー
こ、怖いわ
厳しい状況に追い込まれる…。何かそんな諺《ことわざ》あったような…
わかった、「背水《はいすい》の陣《じん》」ね！
ポン
一歩もあとに引けない状況や、そういう状況から必死になることを表す言葉よ
さて、それではヒロト殿、例文を書き下し文にしてもらえるかしら？
はい！よろこんで！
ダッ
使ム二万人ヲシテ先まヅ背ニシテレ水ヲ陣セ一。
？
？
ムムッ
「万人《ばんにん》をして先《ま》づ水《みづ》を背《せ》にして陣《じん》せ使《つか》む。」陣せツカむ？何のことだ？

痛てて
ガッ
コロリ
ん？
何かのボタンだ。なになに？
ピンチのときはこれを『ヲシテ』くれたまえ
ナゾの声
「ヲシテ」？押せばいいのかな？
ハァ
また強引な展開だわ…
まぶしい！
ピカッ
ワッ！
ポチッ
使役戦隊《しえきせんたい》シムレンジャー参上！
ズバ〜ン
使
遣
教
令
俾
私たちの必殺技、使役の句法「A使BC」を使えば、どんな敵でも一撃だ！
A使《ム》二B《ヲシテ》C《未然形》一…
（A、BをしてCせしむ）
「AはBにCさせる」
説明しよう。Aには主語が入る。省略されたり「使」の直前にない場合もあるから、そのときは文脈から判断しなければならないのだ！
Bに入るのが使役の対象。ここにつく「ヲシテ」という送りがながポイントになるぞ。Cには使役の内容が入る。ここを未然形にして「使（しむ）」へ返るのである！
カ、カッコイイ！俺、昔こういうヒーローに憧れてたんだよ
イエャ〜
くね〜
まったく聞いてないわね

ザッザッ
ザッザッ
カッコイイ…
近づいてくるわっ
ていうか、カワイイ？
ビミョー
チマッ
私たちは同じ使役の助動詞「しむ」だ！下二段型に活用するから覚えておいてくれよ
…面白い方々にご登場いただいたが、ヒロト殿は理解できたのかしら？
グーッ
「をして」「しむ」だね！バッチリです！
使役形はテストでも出題率ナンバーワンだから、しっかり覚えるのよ
でも句法のAにあたる、韓信が文中にないわ
よく気がついたわね。主語は韓信だけど、ここでは省略されているのよ
はぁ、シムレンジャーか…。また会えるかな？
イェャーッ
ズバーン
試験会場で、キミと握手《あくしゅ》！
またあらわれた!!

使役形②

A命BC

読み

A、Bに命じてC(せ)しむ

意味

AはBに命じてCさせる

中国でも重要な思想の一つ、道家《どうか》を代表する書『荘子《そうし》』にある話。荘子は、老子《ろうし》の無為自然《むいしぜん》の思想を受け継いだ、道家の代表的人物である。
あるとき、荘子が旧友の家を訪ねると、旧友である家の主人はとても喜んで、料理でもてなしてくれることになった。
鳴ける雁《がん》と鳴けない雁がいますが、どちらを殺して料理しましょうか?
鳴けないような役立たずのほうを殺せ
主人は童僕《どうぼく》に命じて雁を殺して料理させた。
何だか物騒《ぶっそう》な話だな
でも料理するんだから、雁を殺してしまうのはしょうがないことだわ
じーーっ
まぁ、雁も男も、役に立たないのはダメよねぇ。ミチカちゃん?
まったくその通りですよね!
口だけ一丁前で何にもできないヤツとか
うーーっ
にっこり
ふん! どうせ俺は役立たずでモテない男さ!
あら、これから頑張ればいいのよ。はい、これが原文。書き下してみて
よし、頑張っていい男になるぞ!
男の扱いがわかってるわ

命《ジテ》二豎子《じゅし》ニ一殺《シテ》雁《ヲ》烹《にシム》レ之《ヲ》。
「豎子《じゅし》に命じて雁《がん》を殺《ころ》して之《これ》を烹《に》しむ」か。
？
ジュシというのは何ですか？
フレッシュなフルーツとかのことですか？
なんちって〜〜
かれんに無視
豎子とは「童僕《どうぼく》」つまり召使いの少年のこと もともと「子ども」「青二才」といった意味もある重要単語なのよ
にっこり
「それはジューシーやがな」ってツッコんでよ…
またしても無視
今回の文章も「シム」があるから使役かな？
シムレンジャー、ツッコミにきて！
うわ〜〜っ
ポチポチ
連打!!
そんなことで呼んじゃダメよ
あ〜あ〜

うふふ。
この使役形では「ヲシテ」は使わないのよ
使役の対象Bに「ヲシテ」をつけず、そこから「命ず」のような使役の意味を含む動詞に返り、使役の内容の末尾に送りがなで「シム」をつける形なのよ
命令する=〜させる

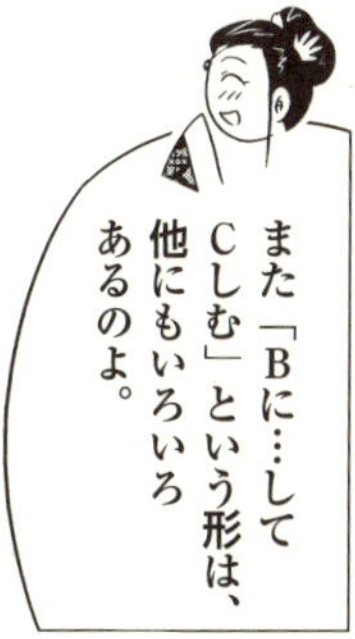
また「Bに…してCしむ」という形は、他にもいろいろあるのよ。

A召《シテ》レB《ヲ》C《シム》
（BをめしてCしむ）「Bを召しよせてCさせる」

A説《キテ》レB《ニ》C《シム》
（BにときてCしむ）「Bを説得して」

A勧《メテ》レB《ニ》C《シム》
（BにすすめてCしむ）「Bにすすめて」

A遣《ハシテ》レB《ヲ》C《シム》
（BをつかはしてCしむ）「Bを派遣して」

A属《シテ》レB《ニ》C《シム》
（BにしょくしてCしむ）「Bに頼んで」

A挙《ゲテ》レB《ヲ》C《シム》
（BをあげてCしむ）「Bを挙用して」

覚えきれるかな…

それで、この例文は「童僕に命じて雁を殺して料理させた。」と訳せるのね
主語は旧友だけど、これも省略されているのよ

でも、結局今のところ俺は役立たずで、殺される雁のような存在なんだろ？
どょ～ん…
まぁ落ち着きなさい。この話には続きがあるのよ
荘子の弟子たちはそのとき、山の中で木こりが切らなかった大木を見て荘子が言った言葉を思い出した
この大木は無用なるがゆえに天寿をまっとうできている。人間も同じかもしれん
有用だから危険ということもあるのか
有用であることと無用であること、どちらが幸いであるかは、実はなかなか難しいということね
ふぅん。そういうものなのかしら
でも…、やっぱり私は有能な男がいいわ
私も有能な男がいいわね
ガクリ
結局それかよ…
※道教の思想は、宇宙万物の根源を「道」と呼び、人知を超えた絶対的な存在だとすることが一番の特徴である。この根源的な「道」に従って生きることを『無為自然』と呼び、「道」と同化し一体になることを、人間の究極の目的と考える。

見・・・

読み

る・らる

意味

れる・られる・…される

これは、中国の戦国時代に、秦《しん》に対抗する六国《りっこく》の同盟「合従策《がっしょうさく》」を崩し、秦に従わせる「連衡策《れんこうさく》」を実現しようと、秦の張儀《ちょうぎ》が暗躍していたころの話。

合従策《がっしょうさく》
出て行け!!
屈原
懐王

六国の一つ、楚《そ》の国では、連衡策に傾きつつある情勢の中、屈原《くつげん》だけが合従策の継続を主張した。しかし、張儀の策略により、懐王《かいおう》は屈原を追放してしまう。

屈原は憂国《ゆうこく》の情と我が身の前途に絶望して自殺をする。詩集『楚辞』の代表作である「離騒《りそう》」で、屈原はこの時の気持ちを詠っている。これはその中の言葉である。

信ニシテ而見《れ》レ疑ハ、忠ニシテ而被《る》レ謗《そし》ラ。

屈原という人はかわいそうだな
この王様は本当にダメな人だわ。正しい意見がどれかがわからないなんて
ただ、張儀は優れた遊説家であり、政治家でもあったの
懐王も他の家臣たちも、彼にだまされてしまったのよ
俺ならそう簡単にはだまされないけどな

例文をもう一度見てみましょう。
信ニシテ而見《れ》レ疑ハ、忠ニシテ而被《る》レ謗《そしら》ラル。
「信《しん》にして疑《うたが》はれ、忠《ちゅう》にして謗《そし》らる。」ね。
でも「見」や「被」をどうして「れ」とか「る」とか読むのかな
喝《かっ》！お前は受身というものをまったくわかっとらん！
あ、あなた方は！
柔道の基本は受身じゃ。受身のことなら、我ら受身形に聞くのじゃ
何か弱わそう
一本背負い!!
投げられて痛いのは、受身がなってないからじゃ！さっそく特訓じゃ
伝説の柔道家の方々よ。失礼なことを言っちゃダメ！
受身形は難しいものではないのじゃ。「見」「被」「為」「所」などの字を、古文における受身の助動詞「る」「らる」と読むだけのものじゃ
簡単じゃん
イテテ
必ず未然形から返ってきて「る」「らる」と読むのがポイントじゃぞ
返読文字なわけね。「る」と「らる」とはどう違うのかしら

「る」…四段・ナ変・ラ変動詞の未然形につく
「らる」…その他の動詞（上二段・上一段・下二段・下一段・カ変・サ変）の未然形につく

それは簡単じゃ。「る」がつくか「らる」がつくかは接続の問題じゃ
どこが簡単なんだ…
ハァ〜
例文を見て、もう一度考えてみるのじゃ
信ニシテ而見《れ》レ疑ハ、忠ニシテ而被《る》レ謗《そし》ラ。
受身
連用形
受身
この中では「見」と「被」が受身形だね
「疑ふ」と「謗る」は、どっちも四段活用だから「見」も「被」も「る」になるのね

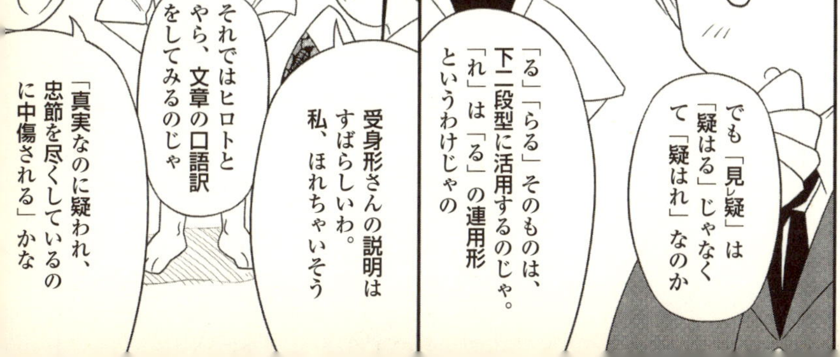

でも「見レ疑」は「疑はる」じゃなくて「疑はれ」なのか
「る」「らる」そのものは、下二段型に活用するのじゃ。「れ」は「る」の連用形というわけじゃの
受身形さんの説明はすばらしいわ。私、ほれちゃいそう
それではヒロトとやら、文章の口語訳をしてみるのじゃ
「真実なのに疑われ、忠節を尽くしているのに中傷される」かな

よろしい。受身の茶帯を与えよう
わぁ~っ
ありがとうございます!
それで、その後《そ》、楚の国はどうなったんですか?
秦《しん》の策略により懐王《かいおう》は幽閉され、楚は衰退してしまうのよ
ちゃんと屈原《くつげん》の話を聞いておけばよかったのに…。
ところで俺、柔道は上達したのかな?
ワクワク
フフフ
私が試してあげるわ
ボキボキ
ギュ
ウリャー!
ムギュ
バタンッ
やっぱり受身もダメね
まぁ、柔道の練習はしていませんからね。オホホホホ

A為B所C

読み

A、BのCするところとなる

意味

AはBにCされる

元《げん》の時代に書かれた歴史書『十八史略』にある春秋《しゅんじゅう》時代の話。
宋《そう》の襄公《じょうこう》の軍がすでに陣をととのえたとき、楚軍《そぐん》はまだ川を渡りきっていなかった。
敵が川を渡りきらぬうちに討ちましょう！
しかし襄公は泰然《たいぜん》として言う。
君子というものは、人の困難につけこんだりしないものだ
襄王
結局、楚軍が川を渡って陣形を整えてから戦闘がはじまったが、宋軍は楚軍に大苦戦。とうとう楚に敗れた。
襄公自身も受けた傷が元で死んでしまう。
なんだか酷《ひど》い話ねぇ。普通は卑怯《ひきょう》なことをしない人に、勝利の女神は微笑むものよ
女神…、それは私？私は強い男に微笑むわ
俺は勝利の女神の微笑みを手に入れるのに、手段を選んでちゃいけないと思うな
まぁ、ヒロトは卑怯なことも得意だしね

ムカッ！
俺は卑怯なことはしないさ！敵の油断や弱点をつくのは、戦いの基本さ
うーん、まぁそうだけど
勝てば官軍《かんぐん》。敵に情けをかけるのが悪いのさ
確かに、この故事から、無用な情けをかけることを「宋襄《そうじょう》の仁《じん》」というようになったのよ
ふぅん
でも私は襄公に人間的な魅力を感じるわ
うふふ、人の考えはいろいろあるものよ
でも受身の句法はあと少しだから頑張って覚えましょう。原文はこれよ
遂《つひ》ニ為ル二楚《そ》ノ所トレ敗ル。
書き下し文は「遂《つひ》に楚《そ》の敗《やぶ》る所《ところ》と為《な》る。」か「とうとう楚に敗られた」ってことだね
ポイントは「為」と「所」よ
チャチャチャッチャッチャ～
チャチャ
な、何？
チャッチャ～
ウオオ、プロレスだ！

赤コーナー、
最強のタッグチーム、
為所ブラザーズ！
チャチャチャ～♪
ワーワー
オーッ！
チャッチャ～♪
ヒロト君といったね。
勝ちにこだわるキミ
はプロレスの才能が
あるようだ
そこで今日は君に
プロレスの
「勝利の方程式」
を教えよう
ほ、
本当ですか！
いやな予感
がするわ
受け身
我ら「為」と「所」
はタッグで力を
発揮するのだ
我らのコンビネーション
は「A、BのCする所
と為る」という受身形
これは使役形の
「ABをしてCせしむ」
と並んで、入試では
すごーく重要な句法なのだ
ドスン
バタン
また
受身かよ～

Wラリアット
Aが主語、Bが受身の対象、Cが受身の内容よ。「所」へ返るのだから、Cの活用は連体形になるわね
ハァハァ
「A為B所C」の形は、俺「所」が「る」「らる」とも読むことができるため、同じ意味のままで別の読み方をすることもできるんだ
今回の文章だと
遂ニ為ニレ楚ノ所るレ敗ラ。
(遂《つひ》に楚《そ》の為《ため》に敗《やぶ》らる。)
ハァハァ
この場合も「とうとう楚に敗られた。」となるのね
ところでAの位置にあるけど「遂に」は主語ではなく、主語の「宋」が省略されているので気をつけてね
さぁヒロト君。勝利のために特訓だ!
さぁ!さぁ!
ハー。受身ばっかりで勝てるんですか?
バタン
受け身!!
バタン
バタン
ちょっとかわいそうな気もするわ
プッ
ちょっとは頼れる男になれるんじゃない?オホホ
バタン
バタン

A C於B

読み

A、BにC(せ)らる

意味

AはBにCされる

戦国時代の儒家《じゅか》、孟子《もうし》が農業至上主義者の許行《きょこう》の考え方に対して述べた言葉。

精神労働をする者は人を治め、
肉体労働をする者は人に治められる。
人に治められる者は（租税《そぜい》を納めて）
治める者を養《やしな》い、
治める者は（耕《たがや》す暇はないから）
治められる者に養われる。
それが天下の道理だ。

孟子

政治も大切だし、何かを作る仕事も大切　持ちつ持たれつということね
でも、何だか平等って感じはしないなぁ。職業差別みたい
仕事にはそれぞれ分担があるということよ

孟子は「民本主義《みんぽんしゅぎ》」といって、君主よりも民のほうが大切という考え方だったのよ
楊貴妃さんの仕事は、さしずめ、美しくあることですね
でもこの言葉は、日本の士農工商といった階級制度の理由付けになったり、一九七〇年代の中国で批孔《ひこう》運動のヤリ玉にあげられたりしたわ
デレ〜♡
うふふ、ありがと

でも、今の私の仕事は、そなたに受身を教えることよ。原文はこちら
労スルレ力ヲ者ハ治メラル二於人ニ一。
えっとー、「於」は置き字だから「力《ちから》を労《ろう》する者《もの》は人《ひと》に治《おさ》めらる。」か
「治めらる」ってことは受身みたいだけど、受身を表す字はどこにあるのかしら
再登場!!
お久しぶりでござる、皆の衆
於
于
乎
ん？と、置き字の人たちだっけ
置き字のなかでも、前置詞としての働きをするグループの人たちね
ジャ〜〜ン

AC未然形＋ル・ラル 二 於 B ニ 一

（A、BにC（せ）らる）

「AはBにCされる」

そう、拙者たち「於《お》」「于《う》」「乎《こ》」グループの置き字は、忍んではいるが時には主張したいときもあるのでな

前置詞としての働きで受身形をつくることがあるのでござる

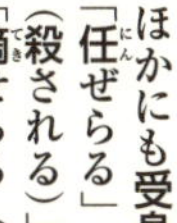

治メラル 二 於 人 ニ 一

受身の助動詞

受身の対象をあらわす送りがな

拙者たちは受身の対象をあらわす送りがなの「ニ」にあたり、拙者たちの上の動詞に、

送りがなとして受身の助動詞「る」「らる」が添えられるのでござる

ほかにも受身形には「任《にん》ぜらる（殺される）」「誅《ちゅう》せらる」「封《ほう》ぜらる」「謫《てき》せらる（左遷《させん》される）」

のように、字そのものの意味から受身に読むものや、次の例文のように、文脈上受身に読むものもあるのよ

受身の助動詞

狡兎死シテ 良狗烹ラル。

（狡兎《こうと》死して良狗《りょうく》烹《に》らる。）

「すばしっこい兎が死ぬと良い猟犬も煮殺される。」

用が済んだら殺されるという意味ね。怖いわぁ

さて、使役と受身の句法を学習したわけだけど、どうだったかしら？
使役は「ABをしてCせしむ」の公式が大事なんだってわかったわ
受身も「ABのCするところとなる」の公式が重要ね
置き字で受身形になるとかさ…
送りがながあればわかるけど、白文のままだと置き字の存在だけで受身かどうか判別するのは難しいな。
その通りね
でも、それは漢文をたくさん読んで、文章の流れをとらえられるようになれば、わかってくるはずよ。漢文も女心も同じよ
僕、経験を積んで、漢文はどうでもいいけど、女心はわかるようになって、あなたの元へ戻ってきます！
戻る？
ヒロトは、骨になるまでここに居てよいんじゃなくて

第7章 漢文の世界は情熱的！ 〜抑揚・累加

楊貴妃さんの話だと、先生はキレイな人とこの町を歩いていたそうよ
正確には「私ほどではないけど、まぁキレイな人」だよ
トコトコ
あんなかんじの人かしら
行動あるのみ。まずは聞いてみよう！
ピューッ
相手が美人となると、張り切るのよね
ちょっと話があるん…
チョンッ
アタタタタタ〜
ガッ
何者だ!?
ひでぶっ
ボカッ
ボカッ
ドカッ
わっ、助けてあげてください！こんなでも私の友だちなんです
あ、そうだったのね。てっきり痴漢《ちかん》だと…
そういうところもありますけど、そんなに悪い人間ではないんです
ううっ
はぁ、助かった。お姉さんもいきなりひどいな。
ふふ、ごめんね。私は麗華《れいか》。このあたりの治安を守る仕事をしている格闘家よ。まぁ自警団《じけいだん》みたいなものかしら
バリバリ働く女性…。ステキです！

また
はじまったよ…
ところで、私になにか用事かしら？
あ、そうなんです。かくかくしかじか…
あぁ、その方なら知ってます。襲われていたところを助けて、安全な街にご案内しましたよ
えっ、本当ですか？ぜひ連れて行ってください！
それは構いませんが…。こちらのヒロトさんが本当に信用できる人なのかどうか
ひ、ひどい！俺は健全な受験生だよ！
あら、受験生なんですか。それなら漢文の知識も十分におありでしょうね
嫌な予感…
では、私が抑揚《よくよう》形と累加《るいか》形について講義をします。それを理解できれば、あなたを信用することにしますわ
俺も運が悪いや。その「ヨクヨーケー」と「ルイカケー」以外は何でもわかるのに
抑揚というのは、二段構えの表現で強調する句法よ
「私がわからなければ、ましてヒロトは当然わからない」って論法ね
累加系は「唯だ…のみ」の限定形と否定や反語を組み合わせた表現で、
「ただ…なだけでなく、その上…だ」というように、付け加える（累加する）句法なのよ
「ヒロトはただ漢文ができないだけでなく、その上数学もできない」とかね

A且B、況C乎

読み

Aすらかつ B、
いはんやCをや

意味

AでさえBだ、
ましてCであればなおさら（B）だ

『十八史略《じゅうはっしりゃく》』にある話。
燕《えん》の昭王《しょうおう》は、臣下の郭隗《かくかい》に有能な人材を探してほしいと相談した。
それに対し、郭隗は昔話を交えてこう答えたという。

昔、ある国の王が家来に大金を持たせて千里《せんり》の馬を買いに行かせました。

ところが、その家来は、大金の半分を使って死んだ馬の骨を買って帰ってきたのです。
王は当然怒りました。

死んだ馬の骨でさえ買うのだ。
まして生きている本物の千里の馬ならなおさら高く買うだろう。

と、馬の持ち主は思うはず。
向こうから千里の馬を売り込みに来るに違いありません。
ですから、王様が有能な人材を欲しいとお思いならば、
まずこの私からお始めになってみてください。

郭隗の論理
死馬→私（郭隗）
千里の馬→有能な人材

つまり、郭隗は、「まず自分を厚遇しろ」と燕王に言いたかったわけね
これは「先《ま》ず隗《かい》より始めよ」という話で、今では「何事によらず、手近なものから始めなさい」
あるいは「言い出した人からどうぞ」という意味のことわざになっていています
うまいこと言って、自分を売り込んだみたいに聞こえるな
ヒロトも「馬の骨」として、誰かに売り込んでみたら？
男のくせにそんなことでいちいち落ち込まないで。さぁ、これを書き下してみなさい
カ、カッコイイ
ガックリ
馬の骨…
死馬スラ且《か》ツ買フレ之ヲ、況《いは》ンヤ生ケル者ヲ乎。
あせあせ
ハ、ハイ！ か、書き下し文は「死《し》馬《ば》すら且《か》つ之《これ》を買《か》ふ、況《いは》んや生《い》ける者《もの》をや。」です！。
はい、よろしい
ホッ
張飛さんや猪八戒より、ずっと恐いよ…
ボソ
「すら且つ」とか「況んや」とか、何だか難しそうですね

をやをや、そんなに難しくもないですよ
「おやおや」ではなくて「をやをや」？また変なのが現れたわね
をやをや、少々失礼ですな。「況んや」ときたら必ず「をや」がくるのです。それに私の恋人「すら且つ」さんがセットで抑揚形の句法なのですよ
ごきげんよう
すら且つ
抑揚形
A且《スラ》ツB、況《シャ》ンC乎《ヲ》
（Aすらかつ B、いわんやCをや）
これで「AでさえBだ。ましてCであればなおさら（B）だ」と訳すのです。Bの部分を強調するための形なのですよ
例文は「死んだ馬さえ買うのだ。まして生きている馬であればなおさら買うだろう」と訳せるわけね
「なおさら高く買うだろう」と強調するわけだ
特徴のある言い回しだから、逆に覚えやすい気がするな
をやをや、どうやらわかっていただけたようですね。「すら且つ」さん、有難う。また楽しみましょう
楽しみにしてるわ

況
ペコ
猶
ほ
をやをや「すら猶《な》ほ」さんじゃないですか
みなさん紹介します。私の恋人「すら猶ほ」さんです
大人の事情♪
況
しー
えっ！恋人って「すら且つ」さんは…
シーッ、色々事情があるのよ。

私と「をや」、それに私の恋人「すら猶ほ（尚ほ）」さんとのセットでできる抑揚形もあるのですよ
況
猶
ようするに「且つ」の部分は「猶ほ（尚ほ）」が用いられる場合があるということよ。たとえば、
ボソボソ

顔回スラ尚ホ不レ能ハ無キレ過《あやま》チ、況ンヤ其ノ余《よ》ヲ乎。

（顔回《がんかい》すら尚《な》ほ過《あやま》ち無《な》き能《あた》はず、況《いわ》んや其《そ》の余《よ》をや。）

「（あの賢明な）顔回でさえ過ちがないということはありえない、まして他の者であればなおさらだ。」

また、「而《しか》るを況《いわ》んやCをや」というように、「況んや」の前に「而るを」がくっついている場合もあるけど これは、解釈上は無視してもいいのよ
況さんモテモテね。いろんな言葉とつながるわ
「Aすら且つ（猶ほ・尚ほ）B、況んやCをや」の形をしっかり覚えましょう
今回は紳士的《しんしてき》な人が教えてくれて助かったよ
紳士的且つプレイボーイね
ホワ〜〜〜ン
紳士になればモテるのか
モテモテなら、ミチカも麗華さんも…ウヒヒ
プッ
そのニヤケ顔で、ジェントルもないわね
ハーッ

抑揚形②

A且B、安C乎

読み

Aすらかつ B、
いづくんぞCんや

意味

AでさえBだ、
どうしてCであろうか、（いやBだ）

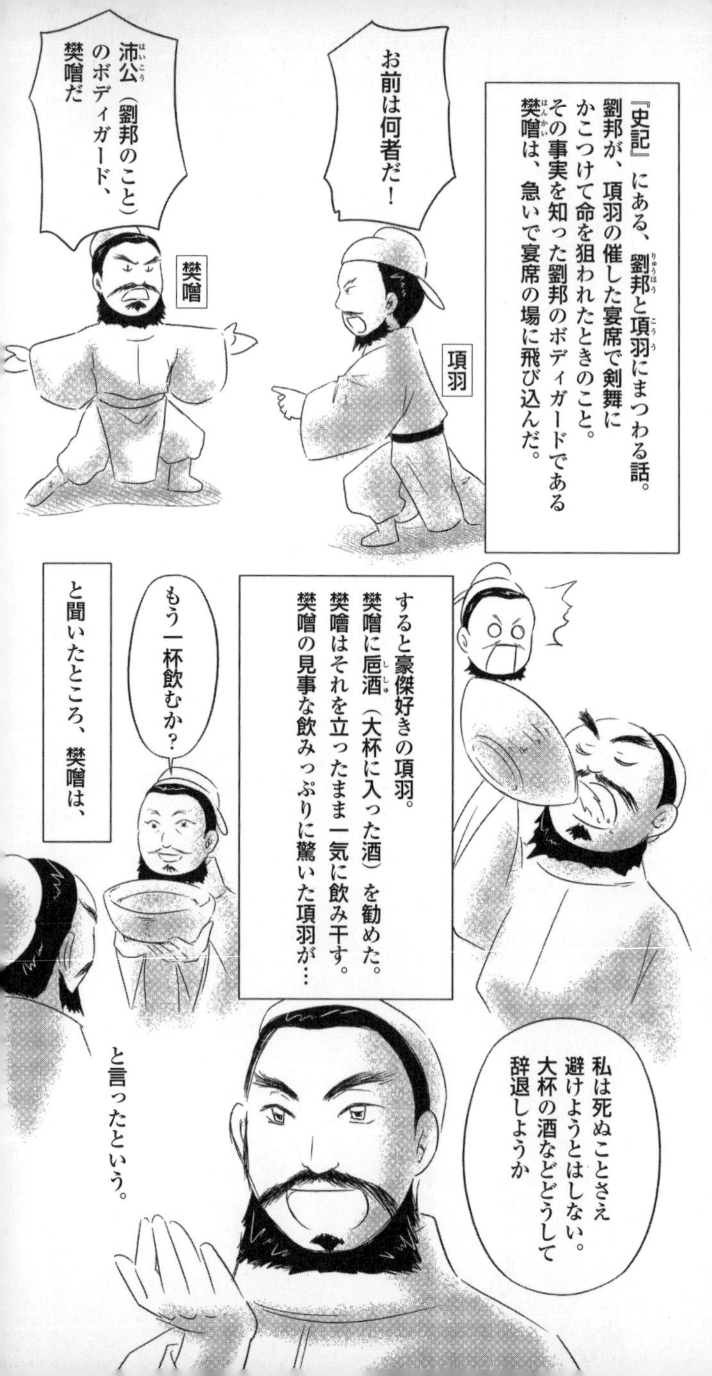

『史記』にある、劉邦《りゅうほう》と項羽《こうう》にまつわる話。劉邦が、項羽の催した宴席で剣舞にかこつけて命を狙われたときのこと。その事実を知った劉邦のボディガードである樊噲《はんかい》は、急いで宴席の場に飛び込んだ。
お前は何者だ！
沛公《はいこう》（劉邦のこと）のボディガード、樊噲だ
項羽
樊噲
すると豪傑好きの項羽。樊噲に卮酒《ししゅ》（大杯に入った酒）を勧めた。樊噲はそれを立ったまま一気に飲み干す。樊噲の見事な飲みっぷりに驚いた項羽が…
もう一杯飲むか？
と聞いたところ、樊噲は、
私は死ぬことさえ避けようとはしない。大杯の酒などどうして辞退しようか
と言ったという。

劉邦を助けた樊噲ってカッコイイなぁ…
これは『史記』の「鴻門之会《こうもんのかい》」の場面よ。昔の中国には、こういうカッコいい男にまつわる話はたくさんあるわよ
麗華さんもいいけど、カッコいい男もステキだわ
こういう話を聞くと、漢文って面白いと思いますね
読み方や句法を考えると難しくなるけど、本来漢文の世界は面白かったり、ためになったりするものなのよ
つい難しく考えてしまうのよねぇ
まずは読みたいと思う気持ちが大切よ
せっかくだから漢文の世界を楽しまなくちゃ
麗華さんも、やっぱり樊噲みたいな男性にあこがれるの？
ん!?
そうねぇ
男らしさってのはやっぱり重要ね
こうかい？麗華
何にもわかっちゃいないわ
ハァ～
さぁ、くだらない話はこれまでにして、原文はこれよ
臣死スラ且ツ不レ避ケ、卮《し》酒《しゅ》安《いづクンゾ》足ランレ辞スルニ。

書き下し文は「臣《しん》死《し》すら且《か》つ避《さ》けず、卮酒《ししゆ》安くんぞ辞《じ》するに足《た》らん。」か
「すら且つ」という部分は、前回と同じなのかな?
「Aすら且つB」という形は前回と同じね。「Aすら猶ほ（尚ほ）B」でもいいというところも同じよ
今回は、況さんは出てこないのか
今回は「況んやCをや」ではなく「安くんぞCんや」と続く形だから、況は用いないのよ
これ前やりましたよね。あっ、そうだ！反語形です！
「どうして〜だろうか。（いや〜ない）」と訳すやつだね
うーんと、じゃあ口語訳は「私（臣とは家臣が自分を指す言葉）は死ぬことさえ避けようとはしない
大杯の酒などどうして辞退しようか、いや、避けたりはしない）」と、反語形になるわけだ
反語形がポイントよ。「安くんぞ」が多いけど、「何ぞ」でも「豈に」でも「誰か」でも大丈夫よ。
それと、文末の「乎」がつく場合もつかない場合もある点も、反語でやったのと同じね
反語にすることで、後半部分を強調しているのね

もう一つ、以A且B（AをもってすらかつB）だけで終わっている形があるわ。
その後に「況んや」とか反語はこないのかな？
後半が省略された形で、後半の意味は類推するしかないわ
ところで麗華、さっきの答えをまだ聞いてないぜ
まだやってるわ
ん――と
そうねぇ、顔というよりは、まず漢文がわかってる人じゃないと…
そういうと思ったぜ。でも、それはもうすぐ叶うはずさ
本当かしらねぇ
そして…
ドリャーッ
私より強くなくっちゃね
ガッ
にっこり
す、すいませんでした
ま、当然の結果よね
シュン…

累加形①

非唯A、B

読み

ただにAのみにあらず、B

意味

ただAなだけでなく、（さらに）Bである

『孟子《もうし》』にある話。
のびろ〜
んしょっ
ギュー
宋《そう》の国のある人が苗《なえ》を植えたが、この苗がなかなか伸びない。どうしたら伸びるだろうと考えた末、一本一本手でひっぱり伸ばしてまわった。その人は疲れきって家に戻ると、家の者にこう言った。
あー疲れた。今日は苗が伸びるのを助けてきたぞ。
これを聞いた息子が畑に行ってみると、苗はすっかりしおれていたそうな。
しな〜〜
孟子は言う。
浩然《こうぜん》の気《き》（俗事にとらわれない広大な心）を養うには、急《せ》いて事をし損じてはいけない。苗の生長を手助けしようとひっぱるのは、ただ無益であるだけでなく、有害なのである。
この人、悪気がないだけに、余計にマヌケに見えるわね
フフッ
俺も暑い日に、花に氷をあげて、枯らしてしまったことがあるな
な!?
氷！花に氷なんて！

これは「助長《じょちょう》」という有名な話よ
助長という言葉は「不要な助力をして、かえってそこなうこと」という意味ですよね
さて、今日はこれよ
非《ズ》二徒《た》ダニ一無《キノミニ》レ益、而《モ》又害《ス》レ之《ヲ》。
徒《た》だに益《えき》無《な》きのみに非《あら》ず、而《しか》も又之《またこれ》を害《がい》す。
「徒《た》だに益《えき》無《な》きのみに非《あら》ず、而《しか》も又之《またこれ》を害《がい》す」「ただ何の益もないだけでなく、その上害を与えてもいる」って意味ね
この続きは、友だちの唯ちゃんに説明してもらうわ
ペコッ
よろしく!
あ、こんちわー。僕、漢字キャラの唯です
今回のポイントは「唯《た》だにAのみに非《あら》ずB」という句法なのよ
にこ
「ユイ」じゃなくて「タダ」だったのね
漢字キャラだったのか…
ん?でも例文では唯なんてないじゃん 何かの手違いでユイちゃんじゃなくて、あなたが来ちゃったんじゃない?
ピョン
僕が出てきたのは間違いじゃないですよ!僕もこの句法で活躍するんです!
でも、実際出てきてないじゃん

唯
まぁ、その説明は後でするとして、まずは句法の解説をしましょう
僕自身は限定形なんだけど、否定の「不」や「非」と組んで累加形を作るんだ
累加ってのはどういうこと？
累加とは「重ね加える」という意味なんだ
B
A
んー、重ねることか！でも、それがどんな表現になるのかわかんないな
「ただAなだけでなく、さらにBだ」というふうに強調するんだ
徒
「ヒ×トはただ理解力がないだけでなく、勉強もしない」って感じよ。
確かにヒロ×のダメっぷりが強調されているわね
ガーッ
伏せ字になってないよ！
っていうか、徒さん。君いつの間に現れたの？
徒
僕ら限定の「ただ」は仲間がたくさんいるんだ
僕ら「ただ」とか「ただに」とか読むんだ。たくさんいるから要注意だよ！
や
ちわ
いえ~
おす
よっ
只
唯
但
直
将
祇
例文に唯さんがいないのは、このせいだったのね

さらに僕たち「ただに」の代わりに「独り」を用いることもあるよ
非《ズ》二独《リ》A《ノミニ》一、B（ひとりAのみにあらず、B）
唯
唯
さらにさらに「非ず」の代わりに「不」を用いる形もあるんだ
不二唯《ダニ》A《ノミナラ》一、B（ただにAのみならず、B）
不二独《リ》A《ノミナラ》一、B（ひとりAのみならず、B）
どのパターンが出題されてもいいように、しっかり勉強しろってことね
遠慮なしに加わっていったな
これだけ多いと、覚える気も起きないや
ボコッ
ガッ
せっかくみんなで教えてあげてるのに、その態度は…
ま、まぁ落ち着いて。「浩然の気」を持って…
ボキ
ボキ
性根《しょうね》から叩きなおしてあげるわ！
うわー助けてー！
ヒュー
やれやれ
ハァ

累加形②

豈唯A、B

読み

あにただにAのみならんや、B

意味

どうしてただAなだけであろうか、いやAなだけでなく(さらに)Bである

唐宋八大家の一人である、唐の柳宗元《りゅうそうげん》が記した「薛存義《せっそんぎ》の任《にん》に之《ゆ》くを送る序《じょ》」の一節に書かれている言葉。
しめしめ
ククク
Zzz
どうして怠けているだけであろうか、さらに盗んでもいるのだ。
これは、当時の役人の腐敗を批判した言葉なのよ
怠けるだけでなく、人民のお金を盗んでもいたのか!
私たちの国でも、政治家の汚職事件などがよく話題になるわ
政治家は、どうしてそんなにお食事券が好きなのかな?
かれんに無視
昔の中国では、中央集権国家で地方まで官僚制度が徹底していたのよ
だから役人の地位が保証されていたのね
……
うん。その地位にあぐらをかいて、不正を働く役人も多かったのかもしれないわね
困ったもんだわ!
何よヒロト、ベタなギャグが受けなかったからって、スネてるの?
うーん…
うーん。俺、政治家を目指そうかと思って、真剣に考えてたんだ

政治家は国民の代表よ。あなたには無理に決まってるじゃない
立派な政治家になるためには、人としても立派でなくてはいけないし、勉強もできなくちゃダメよ
うん、わかってる。でも、自分が世の中を変えるつもりで頑張らなくちゃいけないんだ！
あんたは、世の中じゃなくて、自分を変えなさい！
…って、えっ？
あのニヤケ顔のヒロトが、こんなに成長して…
うるる
ニヤケ顔は余計だよ
うわ、麗華さん信じちゃってるわ
そういうことならまかせなさい。しっかり漢文を教えてあげます！今回の例文はこれよ！
いくわよ～
豈ニ惟《た》ダニ怠ルノミナランヤレ之ヲ、又従ヒテ而盗ムレ之ヲ。
書き下し文は「豈《あ》に惟《た》だに之《これ》を怠《おこた》るのみならんや、又従《またしたが》ひて之《これ》を盗《ぬす》む。」かな
「豈に…んや」？これは反語形ですね？

たしか抑揚形のときにも、反語形を使った強調があったな
そう。これは限定の「ただ…のみ」と反語形を組み合わせた累加形なのよ
豈ニ惟《た》ダニ A ノミナランヤ、B（あにただにAのみならんや、B）
「どうしてただAなだけであろうか、いやそれだけではない。（さらに）Bである」
あれ？「ただに」の漢字がまた違うけど、これは前と同じこと？
そうよ。「ただに」は前回勉強したように、「唯・惟・徒」など、どれでも同じよ
もちろん「ただに」の代わりに「独《ひと》り」でも同じね
さらに「豈に」の代わりに同じ反語形である「何ぞ」が使われる場合があるわ。このときは、だいたい「何ぞ独り」という形ね
何ゾ独リ A ノミナランヤ（なんぞひとりAのみならんや）
「どうしてただAなだけであろうか」
故郷何ゾ独リ在ルノミナランヤ長安ニ。
（故郷《こきょう》は何《なん》ぞ独《ひと》り長安《ちょうあん》のみならんや）
「故郷はどうして長安にあるだけであろうか。いや、ここもまた住めば故郷だ」という感じね

累加形は読めれば意味はだいたい直訳でいいから
はい！よくわかりました
返事も完璧だわ。政治家を目指したいという意志が、しっかり伝わってくるわね
何だか私まで、夢じゃないような気がしてきたわ
でしょ？誠実さと教養と、あとは何が政治家には必要かな
うーん、あとは体力ね。それは私の下で修行すれば大丈夫よ
ほら
え、遠慮しておきます…
ヒロトには百年かかっても無理そうね…
石っころ

抑揚《よくよう》と累加《るいか》の表現は理解できた？
どっちも強調するために使う句法だね
どちらも、漢文っぽい口調で覚えやすかったわ
でも、「ただに」とか反語とか置き換えられる漢字が多くって、覚えるのが大変だよ
反語の部分などは、反語形の句法をしっかり復習しておけば、置き換えられる形もわかるはずよ
句法とは関係ないけど、物事や人が強調されることで、そのよい部分や悪い部分が際立って、書かれている内容にもすごく興味が持てたわ
俺は、いつもたとえ話で自分のダメっぷりが強調されてばかりで、正直、ムッとしたよ
確かに最初はダメだと思ったけど、結構漢文の勉強は進んでいるようね
いいわ。私たちの街に連れてってあげる
やったー
ワーイ
よかったわね
ところで、何で麗華さんの街に行くんだっけ？紹介したい女の子がいるとか？
へへへ
ミチカちゃん。二人で行こっか
ええ、そうしましょ

第8章 酔いどれ詩人の漢文レッスン ～比較・選択形

街には来たものの、先生はもう街を去った後だったね。
さて、どうしようか。夜になっちゃったし、ちょっと不安だわ
酒処
金がないなら出て行け！このヨッパライが！
ズザッ
グゥ
おじさん、おじさん
大丈夫？
酒くさーい
いやいや、ありがとうよ。若いのに親切な人じゃ
ウィック
エヘヘ
お礼にご飯をおごってくれなんて言いませんから
ヒロト！
この人、教科書で肖像画を見たことあるわ！たしか…
あっ
ヤッハッハ。ばれてしもうたか。確かにワシが「詩仙《しせん》」と呼ばれる李白《りはく》じゃ
自分で言っちゃったよ、この人
無類の酒飲みって聞いてたけど…

さて、ヒロトとやら、助けてくれたお礼に、モテる詩の作り方を教えてあげようかの
モテる詩！
詩が上手だとモテるんですか？
当たり前じゃ。あの楊貴妃もメロメロじゃったわい
おおっ
ええ！楊貴妃さんがですか！
酒のせいで、楊貴妃に暴言を吐いて、クビになったって伝説もあるけどね
ただ、モテる詩を作るには、漢文の表現を学ばねばならん。特に比較と選択じゃな
ウィ~
学びます！で、どんな句法なんですか？
ワク ワク
そんな暇ないでしょ！早く先生のところへ行かなくちゃ！
ポッ
比較形とは、文字通り二つのものを比べる形じゃ「あの娘よりも、ミチカちゃんのほうが美しい」という形じゃ。
あら、そんな…
選択形も、文字通り二つのものからどちらかを選ぶという形じゃ「楊貴妃よりも、むしろミチカちゃんを嫁にしたい」というかんじじゃ
さすが李白さん。わかってるわね
ヒロト！李白さんに漢文をじっくり習っていきましょう！
さすが李白。言葉巧みだな

比較形①

A C於B

読み

AはBよりもC(なり)

意味

AはBよりもCである

「礼」の根本精神についてまとめられた、儒家《じゅか》の経典『礼記《らいき》』にある話
孔子が弟子を連れて泰山《たいざん》のふもとを歩いていたとき、女性が墓前で泣いているのを見かけた。孔子はなぜ泣いているのかと尋ねた。
私の夫の父はこのあたりに住む虎に喰われてしまいした。夫も喰われてしまいました。そして今度は子どもまで喰われたのです。それで泣いていたのです
なぜこんな恐ろしい土地を出て行かないのですか?
それは、ここには厳しい政治がないからです
それを聞いて、孔子は弟子たちに言った。
苛酷な政治は人食い虎よりも恐ろしいものだ
虎に食べられるより怖い政治って、どんなものなんだろ
稼ぎを全部税金で取られて、それでもなお無理な要求を突きつけられて、それを断れば厳しい刑罰。そんな政治じゃないかい?
ヒック
ウィーッ
そんな政治があったんですか?
似たようなことなら、いつの時代にもいろんなところで起こっておるだろうよ
ウィック
そりゃ酒も飲みたくなるよな

虎なら何とか逃げられるかもしれないし
でも、親子三代食べられてるのよ？
虎に食べられて一瞬で死んだほうが、楽かもしれんて。ヒック
ウイック
苛政ハ猛ニ於虎ヨリモ也。
書き下し文は「苛政《かせい》は虎《とら》よりも猛《もう》なり。」ね
今回から比較の句法だよね？でも、置き字の「於」くらいしか見当たらないな…
フフフ
拙者たちを甘くみてもらっては困るでござる
え？
？
そ、その声は！

皆の衆、しばらくだったな
拙者たちは比較形になることもあるのでござるよ
シュタッ
A《ハ》C《ニ》於B《ヨリモ》一
(AはBよりもC(なり))
「AはBよりもCである」
トン
拙者たち「於《お》」「于《う》」「乎《こ》」は比較の対象をあらわす送りがなの「よりも」の働きをすることもあるでござる
「AC二於B一」ってどこかで見たような…
うむ。見かけ上は受身の「AはBにCせらる」とまるで一緒でござる
送りがなを見れば一目瞭然でござるが、白文の場合は文脈を考えて、受身か比較かを判断するでござる
「於」「于」「乎」さんたちは、いろいろな働きをするんですね。すごいわ
忍びをからかうものではない。そうそう、さらに否定詞を加えることによって、最上級をあらわすことができるのでござる
てれてれ
A《ハ》無《シ》レC《ナルハ》二於B《ヨリ》一
(AはBよりCなるはなし)
「Aについては、BよりもCなものはない」
養《フ》レ心《ヲ》莫《シ》レ善《キハ》二於寡《くわ》欲《よく》《ヨリ》一。
(心《こころ》を養《やしな》ふには寡欲《くわよく》より善《よ》きは莫《な》し)
「善の心を養うには、欲を少なくするより良い方法はない」
ウィー。でも「於」「于」「乎」を用いない形もあるろらろ〜
ヒック
なんと!
拙者たちが不要だと申すか

莫《シ》レA《ナルハ》レ焉《これヨリ》（これよりAなるはなし）
反《かへりミテ》レ身《ニ》誠《ナラバ》楽《シミ》莫《シ》レ大《ナルハ》レ焉《ヨリ》。
（身《み》に反《かへ》りみて誠《まこと》ならば楽《たの》しみ焉《これ》より大《だい》なるは莫《な》し）
「自分を反省してみて誠実であれば、楽しみとしてこれより大きなものはない」
焉《これ》ヨリ
焉を「これより」と読むのがポイントですね
「焉」は置き字だったり疑問、反語の「いづくんぞ」なろ、他にも用法の多い字らから、間違えないようりら〜〜〜
ということでわしゃ寝るとするわ
ファ〜〜
ハァ
於
この人、李白というより、トホホ（杜甫《とほ》）だね
アハハ

前漢の出来事について書かれた歴史書『漢書』にある話。
うーん…
趙充国
百聞
一見
漢の作戦参謀長であった趙充国《ちょうじゅうこく》は、前線から戦況の報告を受け取るものの、自分のいる大本営では、どうしても戦争の正確な状況が把握できないと悩んでいた。そこで、趙充国は武帝《ぶてい》にこう言った。
百回聞くよりも一回見るほうがよい。最前線に行って実情を見て戦略を練りたいと思います。
パカッ　パカッ
…どっかで聞いたことある言葉だな。
んーっと…
どっかで…って。「百聞は一見にしかず」でしょう。有名すぎる言葉じゃない。
もちろん知ってたよ。ミチカをちょっと試してみたのさ。
はぁ～
ヒロトに試されるようじゃ、もうおしまいだわ。

比較形②

A不如B

読み

AはBにしかず

意味

AはBには及ばない
AよりBのほうがよい

ところで二人とも「しかず」がどういう意味かわかってるかな？
ウィ〜
うーん、なんとなく
本当は微塵もわかってない
そういえば「しかず」って言葉だけ考えると、意味がわからない
何気なく使うけどよく考えるとわからない言葉は少なくないものじゃ原文からしっかり見ていくぞい
ウィ〜〜ッ
百聞ハ不レ如《し》カ二一見ニ。
へぇ、漢文ではこう書くのか
書き下し文は、そのまま「百聞《ひゃくぶん》は一見《いっけん》に如《し》かず」ですね
「如かず」と漢字になったら、余計にわからなくなった気がする
なんとなく否定っぽい感じはするわね
うむ。これは「如く」という四段活用動詞なんじゃ
パフッ
「布団をしく」とかの「しく」？
ウィ〜ヒック
「如く」は「及ぶ」という意味じゃ。ムニャムニャ
ウィ〜〜ッ
むにゃ
李白さん！まだ寝ちゃダメです！

でも肯定文で「如く」と用いることはあまりないんじゃ。ここも、上に「不」があって「如かず」になっておるんじゃ…よぅ
ムニャムニャ
グ~
「如く」が「及ぶ」だから、「如かず」は「及ばない」。「AはBに及ばない」ということね
そうじゃ…な。「AよりBのほうがよい」と訳すこともできるのぅ
ん?
ワクワク
グ~
ガバッ
じゃあ、「百聞は一見に如かず」は「百回聞くよりも、一回見るほうがよい」と訳すのかな?
その通り。ちなみに「不若」も「不如」と同じじゃ。いいから早く飲ませてくれ
不《ル》レ若《しカ》レ死《スルニ》也。
(死《し》するに若《し》かざるなり。)
「死んだほうがましだ。」
ウィ~ヒック
ちなみに、両方とも必ず「…に」から返って「…にしかず」となる。「に」の前には体言か活用語の連体形がくるんじゃ
ところで、「如」と「若」は、同じように使われることが多いのじゃ
「如」
「若」
ヒック
どういうこと?

おぬしらは、まだ勉強しておらんようだが、この比較以外でも、「もし…ならば」という仮定の用法と、「…のようだ」という比況の用法でも、活躍するんじゃ
同じ文字なのに、いろんな使い方をされるなんて、スゴーイ!
比較…だけでなく
→仮定(P229)
→比況(P246)
「如く」や「若」なんかは、読み方も用法もまったく違うものも、もちろんあるぞい
どうじゃ?飲めば飲むほど、ワシの解説は冴えわたるじゃろ~?
ウィ~ック
十分ヨッパライじゃないの
ほれ、早く飲ませ。早く早く
ヒック
そんだけ飲んでるんだもの。匂いだけで十分でしょ
健康にもよくないわ
ワシャ飲んでたほうが健康なんじゃ。酒がないと創作意欲も湧かんのじゃ
しかたないなぁ。はい
ウィ~
ヒック
私たちのせいで、詩が世に残らなくなったら大変だわ
グビ~
グビグビうまいのぅ
よっぽど飲みたかったのねぇ
百の匂いは一口飲むに如かずなのじゃ
ヒック
酒
どれ、俺も一口…
ダッ
コラ~!!

春秋《しゅんじゅう》時代の斉《せい》の名宰相晏嬰《あんえい》が、自分の主君である景公《けいこう》に言った言葉。
晏嬰
景公
着物は新しいものにまさるものはなく、人は古くからの友だちにまさるものはない
晏嬰は身長140cmにも満たない小柄な人じゃったそうだが、主君のダメなところを
しっかりと注意できる立派な人物で、景公にも頼りにされていたそうじゃ
うん〜
体は小さくても、器の大きな人だったんだな
確かに古い友人は大切にしたいものよね
ヒック
酒も熟成させればさせるほど、味わいがあるんじゃ
お酒は、李白さんの大親友ですもんね
フフフッ
酒

比較形③

A無如B

読み

AはBにしくはなし

意味

Aに関しては、Bにまさるものはない

フム。わかっておるじゃないか
漢文の勉強を進めようかの
ウイック
衣ハ莫《なク》レ若《しクハ》レ新シキニ、人ハ莫《なシ》レ若《しクハ》レ故キニ。
書き下し文は「衣《ころも》は新《あたら》しきに若《し》くは莫《な》く、人《ひと》は故《ふる》きに若《し》くは莫《な》し。」だね
酒
うむ、正解じゃ。ところで、何か気づいたことはないかな?
カカカカッ
「若」が「如」と同じで「莫」が「無」と同じだから、「しくはなし」は「無如」かな
この形は、「不如」とあんまり変わらないように見えるね
みんな今日はするどいのう。こっそり酒を飲んどるんじゃないか?
酒
酒を飲んで頭が冴えるのは、李白さんくらいよ
ビシィ

ヒャッヒャッヒャッ
「如くは無し」は、「如かず」とはかなり違うものなんじゃ
ヒック
酒
「A不レ如レB」の場合は、AとBを比べていたのじゃ
A《ハ》不レ如《カ》レB《ニ》（AはBに如かず）
「AよりBのほうがよい」
B＞A
「ミチカちゃんより楊貴妃さんのほうが美しい」って感じだな
句法的には合っているけど、内容は間違ってるわ！
ギャ〜
ぶん
グッ
でも、AはBに如くは無しの場合は、AとBとを比べているわけではないのじゃよ
ウィ〜
「A《ハ》無《シ》レ如《クハ》レB《ニ》」（AはBに如くは無し）
「Aに関してはBにまさるものはない」
B＝最高（Aに関して）
「美しさに関してはミチカ様にまさるものはいない」って感じね
くっ

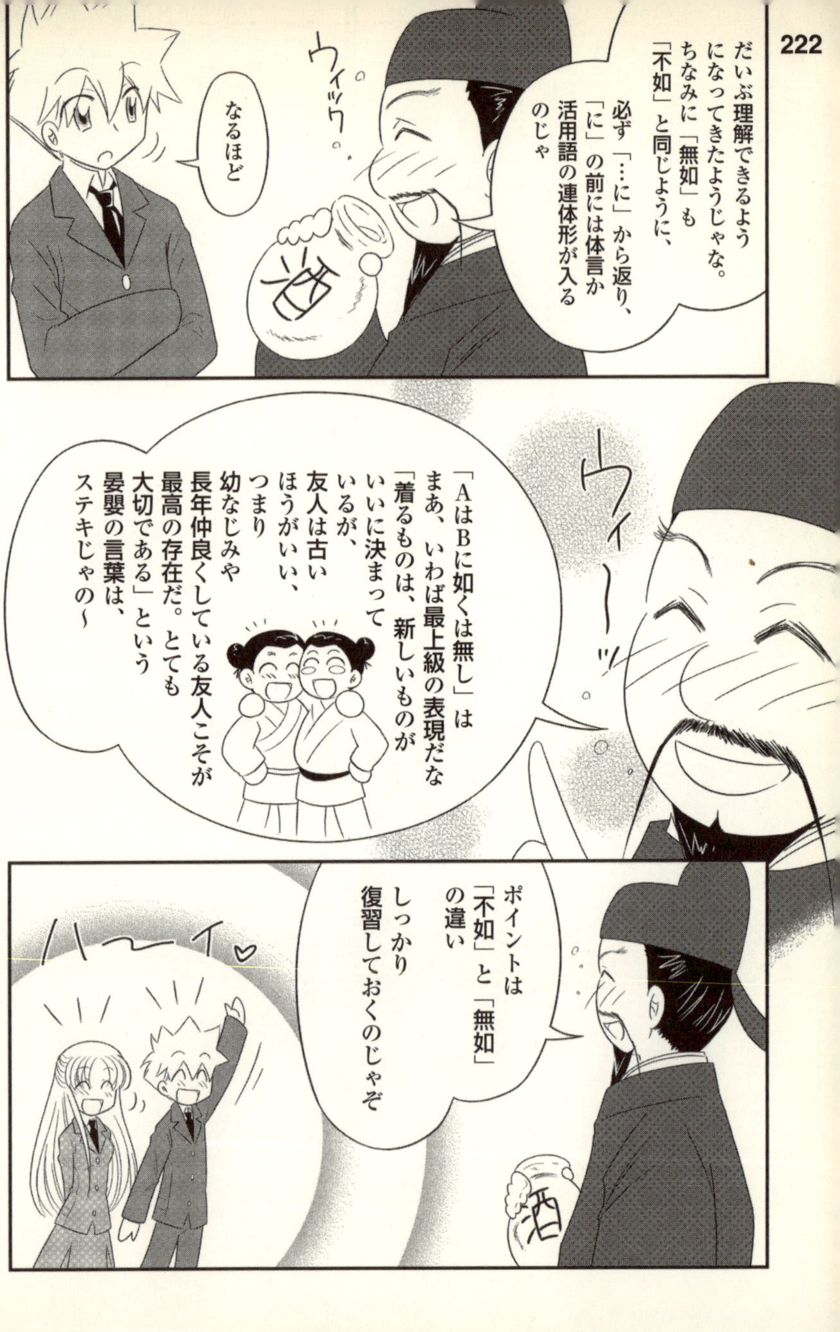
だいぶ理解できるようになってきたようじゃな。ちなみに「無如」も「不如」と同じように、必ず「…に」から返り、「に」の前には体言か活用語の連体形が入るのじゃ
ウィック。
なるほど
ウィ～ッ
「AはBに如くは無し」はまあ、いわば最上級の表現だな「着るものは、新しいものがいいに決まっているが、友人は古いほうがいい、つまり幼なじみや長年仲良くしている友人こそが最高の存在だ。とても大切である」という晏嬰の言葉は、ステキじゃの～
ポイントは「不如」と「無如」の違い しっかり復習しておくのじゃぞ
ハーイ♡

与A寧B
寧A無B

読み

AよりはむしろBせよ
むしろAすともBするなかれ

意味

Aよりも、Bせよ
Aしても、Bはするな

『十八史略』にある話。戦国時代、蘇秦《そしん》は強国の秦に対抗するため、「燕《えん》」「趙《ちょう》」「魏《ぎ》」「斉《せい》」「韓《かん》」「楚《そ》」の六国《りっこく》が同盟を結ぶしかないと考えていた。それを各国の王に説いてまわるとき、彼はこう言ったという。
鶏《にわとり》のくちばしにはなっても、牛の尻尾《しっぽ》にはなるな。
「鶏口牛後《けいこうぎゅうご》」ということわざのもとになった話ね
鶏のくちばしにも牛の尻尾にもなりたくないなぁ。それじゃ妖怪だよ
ああもう、うっとおしい！
ハハハッ ヒック
酔って幻覚を見てるようじゃ。ヒロトの勘違いにも困ったもんじゃ
ポン
ポン
ヒック
鶏とは六国の各国。牛とは大国の秦。大国の臣になるより、小さくても一国の王であれといったんじゃ
蘇秦は王のプライドを刺激したのね
なるほど、そういうことか
本当にわかったのかのぅ。また変なもの見せられないように、原文からしっかり学習じゃ

寧《むしロ》為《なルトモ》二鶏口《ト》一無《カレ》レ為《ル》牛後《ト》。

書き下し文は「寧《むし》ろ鶏口《けいこう》と為《な》るとも、牛後《ぎゅうご》となる無《な》かれ」
「むしろ」…「勉強をするくらいなら、むしろ学校をやめてしまったほうがよい」と使うよね
そうそう…て、使わないわよ！
無理するよりは、むしろそのままでいいですよ。ヒロト君
「寧」さんよ、バシッと解説をお願いするぞ。甘やかしてはいかん
むしろ余計なことだったわけですね？失礼致しました
それではみなさんに、私「寧」を用いた選択形の句法をご説明させていただきます
やけに腰が低い人だ
だって、「丁寧」の寧だもの
私「寧」は「無(なかれ)」や「〜不(せず)」とセットで「AしてもBするな」という意味になります
寧《ロ》A《ストモ》無《カレ》レB《スル》
(むしろAすともBするなかれ)
「Aしても、Bはするな」
寧《ロ》A《ストモ》不レB《セ》
(むしろAすともBせず)
「Aしても、Bはしない」
Aのほうを選択せよということですね
「与」と一緒になって、こんなパターンもあります
与《リハ》レA寧《ロ》B《セヨ》
(AよりはむしろBせよ)
「Aよりも、Bせよ」

「与」は私以外とのセットでも選択形になることがあります
与《リハ》レ A 不レ若《シカ》レ B《ニ》
（AよりはBにしかず）
「AよりはBのほうがよい」
与《リハ》レ A 孰若《レゾ》二 B《ニ》一
（AよりはBにいづれぞ）
「AとBとはどちらがよいか（Bのほうだろう）」
こっちは、Bのほうを選択するのか
ちょっとのどが渇きました。水というより、むしろジュースをいただけますでしょうか？
ヒソヒソ
腰が低いけど、ずうずうしい人ね
ちょっと変わったこんな形もあります。
寧《ロ》其《レ》A乎、寧《ロ》其《レ》B乎
（むしろそれAか、むしろそれBか）
「Aか、それともBか（Bのほうがいいのではないか？）」
たくさんあって覚えきれないな
ここでのポイントは「寧《むし》ろ」と「与《よ》りは」の読み方をしっかり覚えていること。
これが、読めさえすれば意味は読んだとおりじゃからな
ヒロトは、日本語の読みもあやしいからムリなんじゃない？
私の説明、わかりづらかったでしょうか？むしろ余計混乱させたのですか？
ヒ
っていうか、針のムシロだ！

比較・選択の表現はどうだったかの
ウィ〜
酒
まあ、意外と大丈夫かな
読めれば何とかなるって感じだわ
そうじゃな。ただ、読みにくいものもあるからの
「如《し》かず」なんかは読めても意味まではわからなかったもの
「不如」と「無如」の違いも覚えなくちゃ
結局、完璧に覚えるのには、ちゃんと復習をすることが大切だということね
結局、モテる詩の作り方なんて、全然教わってなかったよ！
ヒック
モテる詩は難しいかもしれんが、モテる秘訣ならあるぞ
えっ！何ですかそれは？
酒に強くなることじゃ。女性も酒の席では自然とウットリするものじゃて
ハハハ ヒック
酒
ガクッ
それ、モテてるんじゃなくて、アルコールがモテている幻覚を見せてるんじゃないの？
よーし、今日は気分がいいぞ。皇帝陛下に会いに行って、詩の一つでも献上するか！
ハハハ
ヒック ウィ〜
うは。こんな状態じゃ打ち首決定だな
「詩仙」というより、「酒仙」って感じ…一人で行かせられないわね
ハァ〜…

第9章　もしも宮殿の宦官につかまったら？　～仮定形

どこいっちゃったんだろ、李白さん
キョロ キョロ
酔いつぶれてどっかで寝ちゃったんじゃない？
グー
待て！そこの怪しい奴！
えっ。
私たちアヤシイヤツじゃ…
李白さんと一緒にここまで…
問答無用！こっちへこい！
わー、許してー
キャ～ワ～
怪しい奴らをひっ捕らえました！
うむ、ごくろう。下がってよろしい
ワタシは宦官《かんがん》じゃ。してお前ら何者だ？隣国のスパイか？
ヒィ～
誰かしら…、ずいぶん偉そうな人だけど
三国志にも出てきたから俺知ってるよ。宦官は去勢《きょせい》をして、後宮に入ることを許された権力者さ
去勢ってもしかして…
キャー
恥ずかしがるようなキャラかよ！

何をごちゃごちゃ言っておるのじゃ？死刑にするよ
いえ、実は…
カクカクシカジカ…
にわかには信じがたい話じゃ…
ピーン
そうじゃ！その話が本当なら、そちたちは漢文を学んでいるのじゃな？
…いやな予感
もしワタシの出す漢文の試練に耐えられたら、ワタシの権力をフル活用して、先生とやらを探してあげよう
もし耐えられなければ？
そうじゃな。娘は皇帝に献上。おぬしは去勢して、ムフフ…そうじゃな
ムフフ♡
えええ！絶対やだ！
ヒィー
ダッシュ
さもなければ、死刑じゃ
ズラリ
ヒィ～
テーマは…、さっきから会話に出てきている「もし…ならば」、仮定形にするぞよ
フフフ
もう、結局やるしかないのね
もし失敗したならば、私の美貌で皇帝の妻を目指せばいいか
もし失敗したならば、お前とはお別れだな
う…
もしあの娘を献上すれば、それはワタシの手柄。宦官の頂点に立つ日が来るかもね。イッヒッヒ
ウフ♡

幕末の周防《すおう》の国（山口県）の僧侶、月性《げっしょう》の七言絶句『将に東遊せんとし壁に題す』
男児立《テテ》レ志《ヲ》出《ヅ》ニ郷関《ヲ》一。
学若《シ》無《クンバ》レ成《ル》不ニ復《タ》還《ラ》一。
埋《ム》レ骨《ヲ》何《ゾ》期《セン》墳墓《ノ》地。
人間到《ル》処有《リ》ニ青山一。
イー ヒッヒッヒ
何か気持ち悪いわ
あの…、もう はじまってるよ？
ええい！ワタシがはじめたい ときにはじめるぞよ！
プンッ プンッ
自分勝手だなぁ
さて、これは、日本という国の江戸時代末の僧侶の句じゃ
わざわざ漢詩を作る日本人もいるのか
というか、私たち日本人なんですよ
ほう、ヌシらは外国人だったのか
にやり
ん、何か問題でも？
いやいや
外国人は珍しいから、皇帝陛下もお喜びになるわい イッヒッヒ
ウフフ
何か怪しいなぁ…

仮定形①

如…

読み

もし…ば

意味

もし…ならば

さて、問題の例文はこれだ
学若《もシ》無《クンバ》レ成《ル》不二復《まタ》還《かへラ》。
書き下し文は「学《がく》若《も》し成《な》る無《な》くんば復《ま》た還《かへ》らず」か
正解じゃ。そして、ここが今回のポイントとなる仮定形の句法じゃ
ユーたち、カモ～ン
如
若
もしもし？え？もしです。もし
もしもし？え、もしですか？奇遇ですね。わたしももしです。もしもし？
「もしもしもしもし」ってうるさいわねぇ
ペコ
ペコ
これは失礼しました。私たちは「もし」といって、仮定形の句法になるのです
それで「もしもし」言っていたのか
如《シ》未然形＋バ……
（もし…ば）
「もし…ならば」
私たち「もし」は、「未然形＋ば」と呼応するのが基本
例文の「無くんば」は「無し」の連用形「無く」に係助詞「は」がつき、撥音《はつおん》の「ん」が入ったために濁音化《だくおんか》して「んば」となったものです
いきなり基本とは違う形なんですね

「もし」は私「如」と、この「若」君とが大事です
如
若
意味はだいたい一緒
ただ、現代でも「もし」という言葉は、「もしも～ならば」という仮定で使われますから私たち「如」「若」を「もし」と読めれば、それ以上何も問題ありません
〈「もし」と読む漢字〉使・令・尚・倘・当・向・誠・即・則・設・脱・仮如・如使・向使・当使・如令
ウフフッ
「如」と「若」のほかにも、「もし」と読む漢字はこんなにあるのじゃぞ
うわっ！こんなにあるのか
ふふ、まあしかし、必ず覚えなければいけないのは「如」と「若」。
ほかの漢字はおいおい覚えていくとよいが、もう降参するか？

降参なんてするもんですか
例文の口語訳は「学問がもし成就しなければ、二度と再び帰らない。」でしょ
ううむ、正解じゃ。ちなみに、詩全体はこのように訳すのだよ
男子がいったん志を立てて故郷を出たからには
学問が成就しなければ、二度と再び故郷へは帰らない。
骨を埋めるのは何も祖先の墓のある土地でなくてもよい。
世間にはどこへ行っても青々とした美しい山があるではないか。
四句目がちょっとむずかしいわね

「人間」は「にんげん」ではなく「じんかん」と読んで「世間」という意味
また、「青山」はそのまま青い山のことなのじゃが「死に場所」という意味もあるのじゃ
人間の中には、青山学院大学出身者がたくさんいる、ということ？
ンなわきゃないでしょ!!

仮定形②

苟・・・

読み

いやしくも…ば

意味

かりにも…ならば

陳《ちん》という国の司敗《しはい》という人物に間違いを指摘されたときの、孔子の言葉
かりにも私に過《あやま》ちがあれば、人が必ず気づいてくれる
過ちは人に気づかれないほうがいいんじゃない？
それに、ヒロトみたいに間違いばかりだと、指摘するのも面倒臭くなるわ
うん
自分で気がつかない過ちを指摘してもらえることは、それを治す機会を与えてもらえたということだから
自分にとって幸《さいわ》いと孔子は言っているのじゃ
ただ、ワタシほど優れた人間だと、指摘されることはないわな
ホホホ
それは、注意なんかしたら死刑…
モゴモゴ
それはあなたがパーフェクトな人間だからですよ
ヘンなこと言ったら、死刑確定よ！
うむ、今日は気分がよいぞ。漢文も優しく教えてあげるぞよ
エヘヘ
ホホッ

原文はこれじゃ
苟《シクモ》有《ラバ》レ過《あやまチ》人必《ズ》知《ル》レ之《ヲ》。
苟しく…。
卑しいってあんまり
いい言葉じゃないな
書き下し文は
「苟《いや》しくも過《あやま》ち有《あ》らば、
人必《ひとかなら》ず之《これ》を知《し》る。」ね
何をカンチガイして
いるのだ
「苟しくも」は「…ば」
と呼応して仮定の句法
になるのじゃ
苟《シクモ》……未然形＋バ
（いやしくも…ば）
「かりにも…ならば」
意味は「もし」と同じ
じゃが、一般的に
「かりにも」と訳す
ふむふむ、
でも何だか
面倒だなぁ
面倒くさがって
いては、立派な
宦官にはなれないぞ
ならないって！
ダ——ッ
も—！っ
私たちの言葉では
「もし」とか「かりにも」
とか使わなくても、
「～ならば」とくれば
仮定の意味になる
んですよ
漢文でも「如し」や
「苟しくも」がなくても
「未然形＋バ」は
仮定をあらわすぞよ
朝《あしたニ》聞《カバ》レ道《ヲ》夕《ゆふべニ》死《ストモ》可《か ナリ》矣。
（朝《あした》に道《みち》を聞《き》かば、夕《ゆふべ》に死《し》すとも可《か》なり）
「朝に道を悟れたならば、夕方死んでもよい」
しかし、
意味が違うって
わかってても
「いやしい」って
何だか嫌だな
それは、ヒロトに
卑しいところが
あるから気に
なるのよ
フフフッ

縦…

読み

たとひ…とも

意味

たとえ…であっても

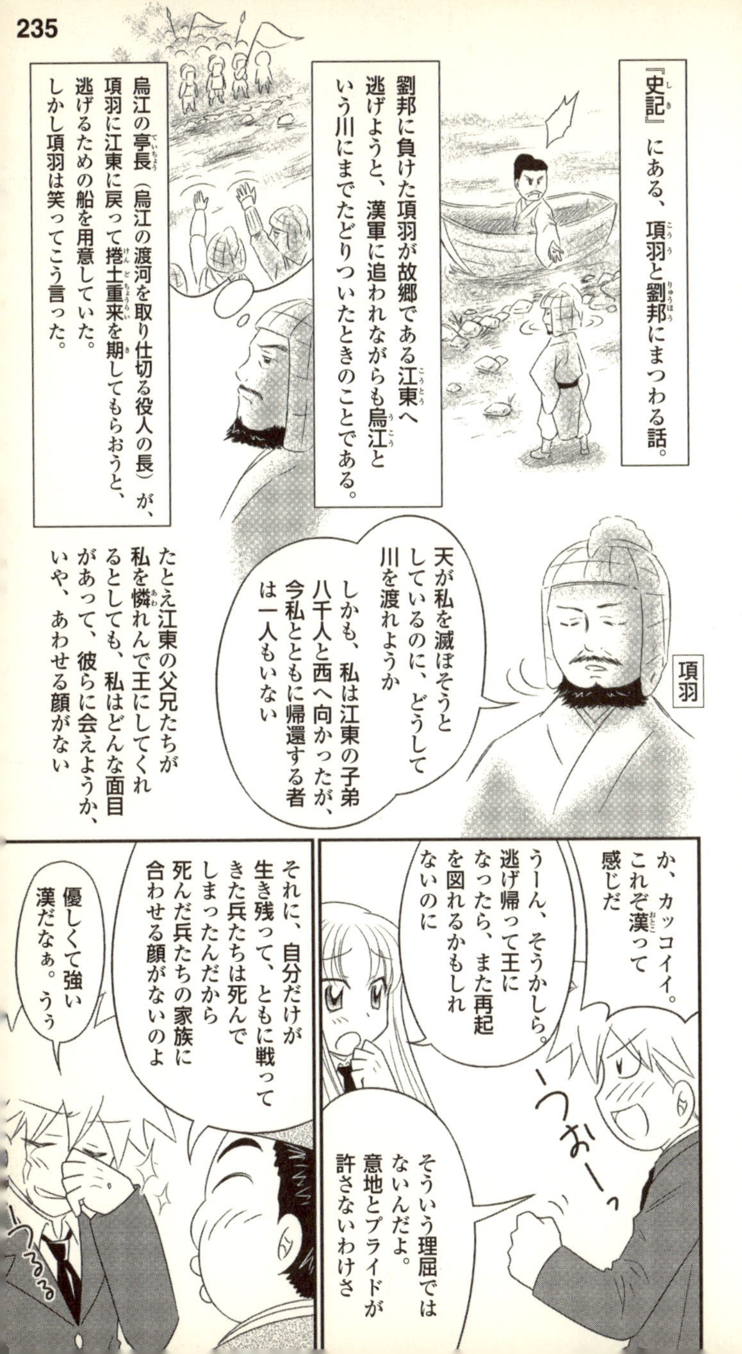

『史記《しき》』にある、項羽《こうう》と劉邦《りゅうほう》にまつわる話。
劉邦に負けた項羽が故郷である江東《こうとう》へ逃げようと、漢軍に追われながらも烏江《うこう》という川にまでたどりついたときのことである。
烏江の亭長《ていちょう》（烏江の渡河を取り仕切る役人の長）が、項羽に江東に戻って捲土重来《けんどちょうらい》を期《き》してもらおうと、逃げるための船を用意していた。しかし項羽は笑ってこう言った。
項羽
天が私を滅ぼそうとしているのに、どうして川を渡れようか
しかも、私は江東の子弟八千人と西へ向かったが、今私とともに帰還する者は一人もいない
たとえ江東の父兄たちが私を憐《あわ》れんで王にしてくれるとしても、私はどんな面目があって、彼らに会えようか、いや、あわせる顔がない
か、カッコイイ。これぞ漢《おとこ》って感じだ
うーん、そうかしら。逃げ帰って王になったら、また再起を図れるかもしれないのに
そういう理屈ではないんだよ。意地とプライドが許さないわけさ
それに、自分だけが生き残って、ともに戦ってきた兵たちは死んでしまったんだから死んだ兵たちの家族に合わせる顔がないのよ
優しくて強い漢だなぁ。うう

バカねえ、男って
ロマンってのが理解できないのかね、女ってやつは
バチッ
バチッ
ワタシも項羽と劉邦の話は好きだわ
へぇ、宦官でも男気を感じるようなことがあるんだ。去勢してんのに
シーッ！打ち首発言よ
項羽の男らしさは、ワタシにそっくりだし
……
オホホホ
さ、さて、今日の漢文の勉強はまだかなぁ
今回はどんな句法かしら。楽しみだわぁ
ふん。なかなかしぶといやつらじゃ。今回の文章はこれじゃ
縦《ヒ》江東《ノ》父兄憐《ミテ》而王《トストモ》レ我《ヲ》、
書き下し文は「縦《たと》ひ江東《こうとう》の父兄《ふけい》憐《あは》れみて我《われ》を王《おう》とすとも」ですね
「たてひ」ってのが何かわかれば読めそうなんだけどな
縦ヒ？

ふふ。それは「たてひ」じゃなくて「たとひ」と読むのでおじゃる
急に公家ことば？
「たとひ…とも」。「たとえ…でも」と似てますね
そう、まさにそれでおじゃる
「たとひ」は「…とも」や「…も」と呼応して、仮定の句法になるのでおじゃるよ
縦《ヒ》（たとひ……とも）「たとえ…であっても」
終止形＋トモ
「とも」の場合、直前は終止形じゃが、「も」の場合は連体形になるから注意が必要だぞよ
「縦ひ」を「たとひ」と読めてしまえば、意味は大丈夫そうね
簡単！簡単！
イエィ～～♪
イッヒッヒ 油断してるな
ウヒヒ
独り言みたいに言ってますけど、聞こえてますよ
ひょっとしてワナか？
難しいポイントがありそうだな

「たとひ」と読む字はこれだけじゃないのじゃ
オホホッ
「たとひ」と読む字
「縦使」「縦然」「縦令」「仮令」など
2文字で「たとひ」か～!
うーん…
縦がついているのは結構わかりやすいけど、「仮令」はわかりにくいな
たった一つじゃない。それくらい覚えなさいよ
「仮」という漢字が入ってるから、仮定形っぽいと覚えておくといいかもしれないぞよ
ホホッ
簡単に言うなよ!
よく考えたら、こんな面倒な勉強してまで、先生を探す必要なんかないよ
この試練に耐えたら探してあげるから、頑張りなされ
ホホホ
ヒソヒソ
教え方も丁寧だし、意外にいい人よね
うんうん。実は優しい人かも

雖・・・

読み

…といへども

意味

たとえ…であっても　…とはいっても

エッヘン
『孟子《もうし》』の中にある言葉。
ペコ
ペコ
自分自身を反省したうえで自分が間違っていれば、たとえ相手が身分の低い人でも、非を認めて頭を下げずにいられようか。いや、いられるはずがない。
また、自分自身を反省したうえで、自分が正しいのであれば、たとえ相手が千万人であろうと、私は立ち向かって行く。
なんでこんな配役なのよ！
キィーーーッ
まあまあ、そんなに怒らないで
どうしたのじゃ、騒々しい
ジャーーン
あっ陛下！ワタシがこやつごときに頭を下げさせられたのです
ごときって…
まぁ、ごときですけど
ぷぷぷ
それは違うぞ。自分が間違ったと思ったら、ヒロトごときにも素直に謝る。まあ、よいではないか

オホホッ
ヒロトごときに頭を下げるのはどうかと思うけど、そういうことなら許そう
よかった、ね？ ヒロト？
ごときって、ごときって
また、例にある「私は行く」の部分は、どこかに行くということではないぞ。ここでは立ち向かっていくということ
自分が正しければ、相手が誰であっても臆《おく》してはいけないということなのだ
ぷーっ
こっちをワタシにしておいてくれればよかったのに
…
まあよいわ。原文はこれじゃ
自ラ反リミテ縮クンバ、雖モ二千万人ト一吾往《ゆ》カン矣。
「自《みずか》ら反《かへ》りみて縮《なお》くんば、千万人《せんまんにん》と雖《いえど》も吾《われ》往《ゆ》かん。」ね
これも、読めれば意味のだいたいわかるタイプか？
雖モ二……一 体言または終止形＋ト
（…といへども）
「たとえ…であっても …とはいっても」
そうじゃ。「雖」は「いへども」と読むのよ
「…といえども」だったら、お父さんとかよく使いますよねぇ
俺もオッサンっぽいって言われそうだから、言うのはやめとこう
ワタシもよく使うけど、もう言えなくなったわ
「雖」は必ず「…と」から返読して「…といへども」と読む。「と」の前は体言か活用語の終止形になるのじゃ。覚えられる？
はーい

オホホッ
仮定形には、ほかにも古文の反実仮想にあたる形「微（なかりせば）」や、疑問の形をとった仮定形などもあるのじゃ
反実仮想
「…がなかったならば」
うへ、これだけじゃないんだ
まあしかし、仮定形は読めさえすればわかるものが多い
読めるようになれば、そんなに難しい句法ではないってことね
さて次は…、
ぬ、仮定形の句法はもう終わりだわ
うぬぬ。
やった！最後までちゃんと理解できたわ！
ワーイ♡
ちゃんと理解してる自信はないけど、だまってよう
「もし」なら「ば」、「たとひ」なら「とも」だ
オッケー
その呼応のパターンを覚えておけば完璧だ
読めるようになれば…ね？
フン！

では、約束通り、先生とやらを探して…
やらん!!
キィ～～
ワタシの出世のために必要なのよ！それ、こいつらを捕らえておしまい！
ヤーーッ
ワー
ぎゃー。約束が違うぞ！
？
ザザッ
キーン
ガッ
ガッ
えっ！
何？
わっ
え、あれって…
あの白と黒の模様は…
パ、パンダ!?
ドドーン

ははは、驚かせてすまぬのう
なでなで
いえ、助かりました。ありがとうございます
さっきの皇帝だ～
このパンダは私のペットなのだ
パンダをペットに……？
えーっ！
でも、あんまりかわいくないいんですけど。
あの宦官が失礼したのう。ハッハッハ。↓
あやつめが前から私に隠れて、こそこそ悪いことをしていたようだ
話は聞いているが、そちらはいなくなった先生を探しているのだな
そうなんです。そうしないと、日本に帰れないんです。ここがいつの時代かもわからなくて
くそう。あの仙人が俺たちに呪いをかけたんだ
ふむ。その仙人が先生をどこかに隠して、君たちは漢文の勉強をさせられている…と
はい。その通りです

では、漢文の句法を全部習得すれば、その呪いも解けるのでは？
なるほど。それは確かに考えられますね
ところで陛下、そのパンダはいったい…
うむ。最近宮廷に迷い込んできたパンダでな。人間の言葉を理解し話すうえに、漢文の達人でもあるんだ。
よし、パンダ、この二人に漢文を教えてやるがよい
キュ？
やっぱり…
何か…あんまりかわいくないわね
かわいくないとは何だ！かわいくないとは！
ガーーッ
わっ！ほんとに喋った！

せっかく漢文を教えてやろうと思ったのに、もう教えてやらねーぞ
ガーーッ
あら、聞こえちゃってたわ
相手によって態度を変える、卑怯《ひきょう》なパンダだな
卑怯…、違うな。ヒキョウとはこのことをいうのだ！
バキィッ
比況《ひきょう》…比喩《ひゆ》や類似《るいじ》をあらわす表現「まるで…のようだ」
ぬ、いきなり句法攻撃とは、これまた卑怯なり！
はっ、何とでも言え！さぁかかってこい！
…変なパンダ

比況形

如…

読み

…の(が)ごとし

意味

…のようだ

ワーッ
ザザザ
春秋時代の兵法書『孫子《そんし》』の軍争篇に書かれている有名な一節
風
林
火
山
其疾如風
其徐如林
侵掠如火
不動如山
あっ！これは見たことあるぞ！
ヒロトが知ってるってことは、また項羽と劉邦かしら
いや、項羽と劉邦や三国志に勝るとも劣らない。日本の戦国時代に関係があるんだ
んー？
織田信長とか武田信玄とか…
そう、武田軍の幟《のぼり》に書いてある言葉のもとになったものだ
俺が言いたかったのに。余計なことするパンダだな
でも、もともと中国の言葉だってことは知らなかったよ
『孫子』は戦略論としての評価がとても高いんだ。ビジネスにも通用するというんで、多くのビジネス書に引用されているぞ
ビジネス！キャリアウーマンのたしなみとして、読んでおこうかしら

じゃ、これを全部原文で読めるようになるために、しっかりと勉強するぞ
其《ノ》疾《はやキコト》如《ク》レ風《ノ》、其《ノ》徐《しずカナルコト》如《ク》レ林《ノ》、
侵掠《スルコト》如《ク》レ火《ノ》、不《ルコト》レ動《カ》如《シ》レ山《ノ》
日本語に翻訳したのでもいいんだけどな…
ボソ
ボソ
書き下し文は「其《そ》の疾《はや》きこと風《かぜ》の如《ごと》く、其《そ》の徐《しず》かなること林《はやし》の如《ごと》く、侵掠《しんりゃく》すること火《ひ》の如《ごと》く、動《うご》かざること山《やま》の如《ごと》し」ね
行けぃ！
句法の制覇はすぐそこじゃ！
もしや、本物の武田信玄!?
うむ、間違えるのも無理はない。ワシは「ごとし」という者。まさに信玄の如き猛将《もうしょう》じゃ
あれ？前に携帯電話で「もしもし」って言ってませんでした？
んー？
喝！あんな軟弱者と一緒にするでない！
仮定形　如《もシ》（若）……《バ》
比較形　不《シ》レ如《しカ》ニ（若）……一《ニ》
無《シ》レ如《クハ》ニ（若）……一《ニ》
比況形　如《シ》ニ（若）……一《ノ（ガ）》
比較やら仮定やらでワシと同じような顔の者がいるらしいが「ごとし」と読むのはワシだけじゃ
ワシは比況や例示、同等を表す句法で「…のようだ」と訳すのじゃ
仮定形や比較形と違って「…ノ」から返るときと「…ガ」から返るときがあるのね

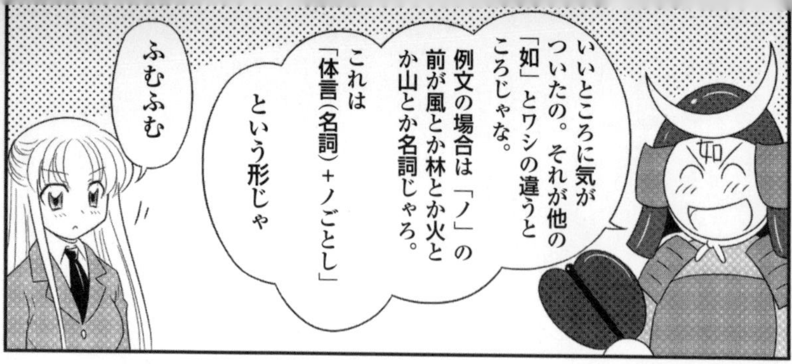
いいところに気がついたの。それが他の「如」とワシの違うところじゃな。
例文の場合は「ノ」の前が風とか林とか火とか山とか名詞じゃろ。
これは「体言（名詞）＋ノごとし」という形じゃ
ふむふむ
如

では、これはどうじゃ。おい、次の文章を持てい
はっ、ここにございます
如

士ノ処《を》ルハ㆑世ニ若シ㆔錐《きり》ノ処《を》ルガ㆓囊《なう》中㆒ニ。

（士《し》の世《よ》に処《を》るは、錐《きり》の囊中《のうちゅう》に処《を》るがごとし。）

「有能な人材が世にいるのは、錐が袋の中にあるようなものだ。」

あれ？どこにも「如」がないじゃないですか
はっはっは、ひっかかりおった。ここにはワシの影武者「若」がおるのじゃよ。働きはワシとまったく同じじゃ
如＝若
ハッハッハッ
仮定や比較の場合と同じように、比況でも「如」と「若」の使われ方は同じなのね
如

「若」の前を見ると「…処ルガ」とあるね
うむ。「ガ」の前にある「処ル」はラ変動詞「をり」の連体形じゃな
「連体形＋ガ＋ごとし」
「ごとし」に「の」から返るのか「が」から返るのかがわからねばならん
じゃ、口語訳を武田ヒロト様で、ど～ぞ。
「その速さは風のようであり、その静かなさまは林のようであり、侵略するさまは火のようであり、動かないさまは山のようだ」じゃな
うお～っ
そう「風《ふう》林《りん》火《か》山《ざん》」じゃーー！
お見事でございます。武田ヒロト様
風林火山
さすがだわ！
えっ、僕ってそんなにすごいの？
エヘヘッ
掃除をサボって家に帰る速さは風のよう
先生に指されたときの静かさは林のよう
毎月の財布は火の車で残った宿題は山のようだ
ええい、退却じゃーー！
ダッ

劉邦《りゅうほう》陣営は策《さく》により、項羽《こうう》の大切な参謀であった范増《はんぞう》を離反させることに成功した。これは、項羽を見限った范増が、項羽に言った言葉である
項羽
辞職願
范増
どうか辞職させていただいて、一兵卒に戻らせてください
んー。何でこの話にしたんだろう
あら、どうしたの？
今までは、面白かったり、ためになったりする話が多かったと思うんだ。
そうね。そのままでも面白かったわ
でも今回は辞職のお願いだけじゃんリストラの話？気が滅入るよ
ほぅら。これが原文だよ
ケケ
小僧がエラそうにこのシーンを直訳して再現してみても、そんなことが言えるかな？
願ハクハ賜《たま》ハッテ二骸骨ヲ一帰ラン二卒伍《そつご》ニ一。
え？ガイコツ？

願望形

願…（未然形）＋ン
願…（命令形）

読み

ねがはくは…ん
ねがはくは…せよ

意味

どうか…させてください
どうか…してください

骸骨《がいこつ》もらってるぅぅ
ホラーじゃなくて？
何これ何これ本当に『史記』？
ふふふまぁ書き下し文にしてみなよ
フフフッ
「願《ねが》はくは骸骨《がいこつ》を賜《たま》はって卒伍《そつご》に帰《かえ》らん」ですね
「卒伍」ってのは一兵卒（普通の兵士）という意味だ平民と言ってもいいかも
それよりはやく骸骨の説明を！
怖いけど聞きたいでも聞きたくない
当時、君主に仕えるときは自分の命を預ける覚悟だったんだ
今は、すぐ会社を辞めちゃう人も多いですけどねぇ
それで、その主君の下を離れることを預けていた身の残骸を返してもらうという意味で「骸骨を乞《こ》う」というんだ
なるほどだから辞職するという意味なのか
なんだ、たとえ話か。ミチカの前で恥をかかせるなんて、このパンダ…

ところで、ここにある「願はくは」が、願望形の句法だけど、気がついた？
願ハクハ……　未然形＋ン
（ねがはくは…ん）
「どうか…させてください」
「何とかして…したい」
句法はよくわからなかったけど、「願はくは」の部分はなんとなく読めたね
「願う」って読めばわかるものね
では、これならどうかな？
願ハクハ大王急ギ渡レ。
（願《ねが》はくは大王《だいおう》急《いそ》ぎ渡《わた》れ）
「どうか大王様、急いで渡らせてください」か
でも、さっきは文末が「未然形＋ン」だったけど、今回は「命令形」よ
そう！願望形は文末の形で意味が変わってくるぞ
願ハクハ……　命令形
（ねがはくは…せよ）
「どうか…してください」

「どうか大王様、急いでお渡りください」と訳すわけか
文末が「ン」のときは自分の願望を、「命令形」のときは相手への願望をあらわすのね
自分
相手
その通り。願望形には他にも「幸《ねが》はくは」や「請《こ》ふ」、少し丁寧な表現の「庶《こひねが》はくは」などがあるけど、ポイントはすべて同じだ
何に対しての願望なのか、注意しなければいけないんだ
それにしても、さっきのヒロトのビビリようったらなかったな
これで「ミチカのことは俺が守る」とか言ってるんだから、笑っちゃうわ
ム〜
ププッ
まぁ、あれは盛り上げるための小芝居ですよ
フフフッ
ヒイイィィー
そうなの？
ギャーーッ!!
ワルッ
逃げること、風のごとし
ニヤニヤ

疑問形でも紹介した「五十歩《ごじゅっぽ》百歩《ひゃっぽ》」の話
五十歩の者が百歩の者を笑ったとしたらどうでしょうか
それはいかんな
恵王
孟子
直《た》ダ不ル二百歩一ナラ耳。
五十歩の者も逃げたことには変わりはないではないか
べ、別にビビッたわけじゃないぞ
ハーッ
ハーッ
五十歩も百歩も変わらないかもしれないけれどヒロトの逃げ足のスピードだけは比べるものがないわね
臆病者のことは置いといて、句法の解説に入るぞ
ハーイッ

限定形

唯…(連体形)耳

読み

ただ…のみ

意味

ただ…なだけだ

直《タダ》不《ル》二百歩《ナラ》一耳。
「直《た》だ百歩《ひゃっぽ》ならざるミミ」？なんだこりゃ？
サワサワ
明らかに間違っているのに、口に出すの止めてくれる？
もー…っ
くぬぅ～
ははは。「耳」はミミと読むのではなく「のみ」と読む。これは「唯だ…のみ」という限定形の句法なんだ
唯《ダ》……耳（ただ…のみ）
ということは、さっきの例文は「直《た》だ百歩《ひゃっぽ》ならざるのみ」と読めばいいのか
あれ？これって読めさえすれば、意味は何となくわかるわ
今の日本語と大きな差はないだろう？
というわけで、口語訳も一気にやってしまおう。
「ただ百歩でないだけだ」かな

お？　正解だ
「唯…耳」の訳は
「ただ…なだけだ」。
ミチカちゃんの
言うとおり、
読めれば問題ない
読めれば問題ない
のはいいんですけど、
さっきから句法として
紹介してる「唯…耳」
と、例文の「直…耳」
は漢字が違うよね
そうだ
にやり
ということは、「ただ」
と読む漢字がたくさん
あるんじゃないかと…
そう
しかも「ただ」だけ
じゃなく「のみ」も
いっぱいあるんだ
「ただ」と読む漢字
「唯」「惟」「但」「只」
「直」「徒」「特」「祇」
「のみ」と読む漢字
「耳」已」「爾」
「而已矣」「也已矣」
「而已矣」「也已矣」
では、「のみ」は
「已」で、あとは強調
のための置き字だ
また「のみ」と読む
漢字がないときは、
送りがなで「ノミ」
と呼応するぞ
また覚えなけれ
ばならない読みが
増えたわね、ヒロト
読めれば意味
がわかるのは
いいけど…
ハァ

その他のポイント…「のみ」の前は活用語の連体形か体言、また「ただ」の代わりに「独《ひと》り＋ノミ」や「纔《わづ》かに＋ノミ」という形もあるが、読めればＯＫだ
結局覚えることは多いんだよなぁ
そうね しっかり復習しなさいよ
今だけ限定の勉強じゃダメなのよ？
僕は勉強しないわけじゃないんだよ。ただ、してるのを隠してるのみ
フッ
ほう さっそく限定形の例文を一つ作るとは、なかなかやるな
やるわね ヒロト
まぁ 隠し切れない才能ってやつさ
どこが限定形だったのか、わかんないや

詠嘆形①

嗚呼…矣

読み

ああ…かな

意味

ああ…だなあ

『史記《しき》』にある話。
春秋《しゅんじゅう》時代末期の晋《しん》に予譲《よじょう》という人がいた。
主君に恵まれずにいたが、
予譲の才能を認める智伯《ちはく》に仕えることに。
しかし、智伯は宿敵である趙襄子《ちょうじょうし》に殺されてしまう。
何とか山奥に逃げ出した予譲はこう言ったという。
ああ 男は自分を理解してくれる人のために死ぬもの。 女は自分を愛してくれる人のために化粧をするもの
予譲
予譲… あんた漢《おとこ》だよ…
うるるっ
予譲はその後、顔や体に漆《うるし》を塗って姿を変え、劇薬《げきやく》を飲んで喉《のど》を潰《つぶ》して声を変え、趙襄子の暗殺を試みるんだ
それでどうなったんですか？
結局は失敗に終わってしまう しかし、趙襄子からもらった衣服を真っ二つにして、主人の無念を晴らすと、潔く自決したんだ
これには敵の趙襄子すら、涙を流したという
うぅぅ なんてすごい人物なんだ
ぶわっ

ヒロトも、探している先生とやらのために句法を覚えないとな
そこまでの恩人かどうかわからないけど、とりあえずやりますか
嗟乎士ハ為ニ二知ルレ己《おのれ》ヲ者ノ一死ス。
書き下し文は「嗟乎《ああ》士《し》は己《おのれ》を知《し》る者《もの》の為《ため》に死《し》す」か
その「嗟乎《ああ》」というのが何かわからないですぅ
僕たちのことを知らないなんて、ああ…
クル
あら、あなたは誰？
ああ
ああ、よくぞ聞いてくれた！私は「嗚呼」詠嘆形の句法なんだ…
嗚呼……連体形 矣
（ああ…かな）
「ああ…だなあ」
なんかうっとうしい人だな
こうしてひらがなで見てみるとすぐわかるわ
書き下し文にするときは、漢字のままでいいが、ひらがなにしてもいいんだ…ああ
ああ
ああ

でも、例文には「矣《かな》」が入ってないな
詠嘆形は「ああ」だけの形、「かな」だけの形、「ああ…かな」がセットの形がある…ああ
ああ〜〜っ
ああ
嗚呼哀《シイ》哉。
(嗚呼《ああ》哀《かな》しいかな)
「ああ哀しいなあ」
嘆いてばかりいないでくれよわかったから
ああヒロトは何をわかったというのだろう
はぁ？何を言って…アッ！例文と違う字がある！
ああ
やっと気がついてくれたか「ああ」と読む漢字も「かな」と読む漢字もたくさんあるんだ
ああ
〈「ああ」と読む漢字〉
「嗚呼」「嗚乎」「嗟呼」「嗟乎」「吁嗟」「于嗟」
「嗟于」「噫」「唉」「嘻」「噫嘻」「於乎」など
〈「かな」と読む漢字〉
「夫」「乎」「矣埃」「哉」「与」「耶」「歟」など
わっ！これまたいっぱいだなぁ
全部きっちり覚えることができればいいけど、まずは読めるようにならないとね

ああ
あとこんな詠嘆形もあるから、覚えておくといいかな
ああ
A哉《ナルかな》B也《や》。
（Aなるかな、Bや）
「Aだなあ、Bは！」
賢《けん》哉《ナルかな》、回《かい》也《や》。
「賢明であるなぁ、顔回《がんかい》は！」
＊「回」とは、孔子の愛弟子の顔回のこと。
ああ！
結局覚えることがいっぱいだなあ
ああっ
それだけ詠嘆形を使って話ができれば大丈夫だろう
詠嘆形の表現って習ってみるとなかなか渋いね。漢《おとこ》を表現するのにピッタリだ
私は基本的にキャリア志向だけど「女《おんな》は己《おのれ》を説《よろこ》ぶ者《もの》の為《ため》に容《かたち》づくる」にはちょっと憧れたわ
試しにおしとやかにしてみようかしら
ブハッー
気持ち悪い
プチッ
やっぱり「おしとやか」はやめよ！

詠嘆形②

何…也

読み

なんぞ…や

意味

なんと…や

『史記《しき》』にある項羽《こうう》と劉邦《りゅうほう》の話から「四面楚歌《しめんそか》」の場面。垓下《がいか》の城にたてこもった項羽は、ある夜、自軍を取り囲む漢軍のあちこちから、自分の故郷である楚《そ》の国の歌が聞こえてくるのを耳にして、こうつぶやいた
我が故国楚よ〜…
なんと楚の人間の多いことよ
項羽
みんな頑張っておるか？
あ、皇帝陛下 そりゃあもう バリバリやってますよ
そうか 句法の勉強もそろそろ終わりのはずだ
やったー ついに終わりだー！
ついに先生に会えるわね
おーー
じゃあ何で喜んでたのよ
え、先生？ もういいんじゃない？ あの人のことは
だって、漢文の勉強をもうしなくていいんだよ。嬉しくって！
何のために今まで頑張ってきたのよ。まったく
これから受験なんだろう？ しっかり復習しろよ

びっくり!
何だよみんなして これじゃ「四面楚歌《しめんそか》」じゃないか
なんだよ～
キ～～
ヒロトが ヒロトが自然に 故事成語を…
明日は雨か 槍《やり》が降るかも しれないわ
よし 最後の句法を 紹介しよう 原文はこれだ
何ゾ楚《そ》人《ひと》之多キ也。
「何《なん》ぞ楚人《そひと》の多《おお》きや」……。 これって、疑問の句法 よね
確かに「何ぞ…や」 は疑問形だったよな
疑問なら「どうして 楚の人間が多いの か?」と訳せるわ
さすがはミチカちゃん ちゃんと勉強しているね でも、項羽は誰かに向かっ て質問しているわけで はないぞ
自分に向かって つぶやいた、って 感じですね
そう だからこれは 実質的に詠嘆形 になるわけだ

何《ゾ》……《連体形》也
（なんぞ…や）
「なんと…なことよ」
見た目だけではわからないのが難しいところですねぇ
実際の試験では、この詠嘆形は非常に重要なんだ
それで、反語の授業のときにも「反語を使った詠嘆形」を教えてもらったと思うんだが…
？
ハーイ♡
はい！「豈不…哉」ですね
その通り「豈不…哉」を「あに…ざらんや」ではなく「あに…ずや」と読んで詠嘆形とするんだ
豈不《ず》ニレ悲《シカラ》哉。
（豈《あ》に悲《かな》しからずや。）
「なんと悲しいことではないか。」
ヒロト、覚えていなかったのか
しかし、最初は漢文が嫌いだったヒロトが、最近は頑張っているようだな
不《ず》ニ亦説《よろこバシカラ》一乎。
（また説《よろこ》ばしからずや）
「なんと喜ばしいことではないか」
エヘヘありがとうございます
エヘヘ〜ッ
というように「また…ざらんや」ではなく、「また…ずや」と読むこれも詠嘆形だ
ヒロト、句法の説明のための例文よほんとに皇帝陛下が喜んでるわけじゃないわよ
ん？本気にしてたのかすまんすまん
ちっ。
ぶーっ

「比況」「願望」「限定」「詠嘆」と学んできたが、人間味のある表現が多くて面白かっただろう？
うんうん。カッコイイ表現もあって、結構気に入った
気に入ったのは読めれば意味もわかるからなんじゃないの？
うふふっ
ちぇっ。バレたか
覚えなくてはいけない漢字も多いから復習はしっかりするんだぞ
了解です
さて、これで句法の勉強はすべて終わったはず何が起こるのか…
うわっ何だ何だ？
っていうか…何でパンダまで？
ピカ〜〜ッ
シュ〜〜ッ

うぅ、ここは…あの仙人がいた店だ！
仙人
ほんとね。私たちの世界に戻ってきたのかしら
でもまだパンダがいるぜ
ここはどこだ？ん、でもどこかでみたような…
おやパンダのままじゃったか。こりゃ失敬チョチョイ
パァ
せ、先生！
ん、ヒロト宿題はやったか？
それどころじゃないですよ。先生、今までパンダにされていたんですよ？
な!?
え！
この仙人のせいで！
これは私の先生だ
にこにこ
先生？仙人って先生の先生だったの？
うむ彼に漢文を教えたのはワシじゃ
じゃあどうしてこんなことを…

おぬしたちの先生から、できの悪い生徒がいると相談を受けてな
今回中国に来るといううんで、ちょっと荒療治《あらりょうじ》をさせてもらったわけじゃ
フォフォ
私が失踪《しっそう》したふりをして、ヒロトとミチカに漢文を教えながら、探させたわけですな
うむ 歴史上の偉い人たちにも手伝ってもらってな
お願いしてって どうやって そんなこと
フォフォフォ
長年生きてきて漢文を教えておるといろいろコネができてな…
そして最後はパンダに化けた私が直々《じきじき》に授業&テストだ！
確かに句法を勉強することはできました……が
フォッ フォッ
にやり
私たちをだましました代償は大きいですよ～
にこにこ

みんな？
うむ
わかっているさ
一応ここは料理店
中華料理のフルコース
を用意しておるよ
みんなも一緒だ
よっ
おめでとう
やったね
あっ
クル
クル
わーい
みなさんありがとう
ではいっただきまーす
俺も俺もー！
おおっ
きゃー
おめえは覚えてる
かどうかわからな
いからな
俺たちの出す問題
に答えられたら
食べてもいいぞ
それでは
第一問…
もぐもぐ
モグ
モグ
そんなぁ

ハイ、カ～ット！
カチーン
S-696
お疲れさまっしたー！
ペコ
ペコ
お疲れ様でしたー
カポ
バサッ
いやー
着ぐるみ
この暑さだと
厳しいね～
いや本当
河童《かっぱ》役って聞い
てたから、水の中
で気持ちいいかと
思ってたよ
にこにこ
でも
この学習映画で
受験生が勉強を
楽しいと思ってく
れたら、報われる
でしょ？

皆さんに、こっちに注目してくださーい
はい二人、こっちきて
ヒロト役の高島ミキオくん
ペコ
にこ
ミチカ役の立花サヤカちゃん
二人とも、これがはじめての仕事にもかかわらず、フレッシュな演技で、がんばってくれました
皆さん、もう一度、ミキオくんとサヤカちゃんに大きな拍手を！
パチ
パチ
パチ
パチ
おーっ
パチ
ワー
懐かしいなぁ
俺、若いよ

ん？
懐かしいって、あなた1ヶ月に1回は、このビデオを観ているじゃない
だって、この映画、今でも忘れられないんだよ。
怒るシーンのあと、かならずキミは泣きそうになりながら俺に謝ってたじゃない
この映画がなければ、私はアナタと出会うことはなかったのね…
マンが漢文
マンが漢文

新マンガゼミナール

大学受験らくらくブック 漢文

点につながる！流れがわかる！

●監修……………………三羽邦美
●マンガ…………………うおぬまゆう
●ブックデザイン………荻窪裕司（ビーニーズ）
●カバーイラスト………うおぬまゆう
●編集協力………………斉藤友希・高木直子・山本浩幸
・佐藤光浩・遠藤則男
●データ作成……………株式会社 明昌堂